Econo-Globalists 11

恐慌前夜

アメリカと心中する日本経済

"Lies, Big Lies and Statistics"

副島隆彦

Takahiko Soejima

祥伝社

恐慌前夜

まえがき

この7月から新たな金融危機が始まった。7月13日にヘンリー・ポールソン米財務長官の驚くべき記者会見があった。私が前々作『ドル覇権の崩壊』と、そのあとの『連鎖する大暴落』（いずれも徳間書店刊）で主張してきたとおりである。アメリカはいよいよ本格的な金融恐慌に突入しそうである。次の「連鎖する大暴落」が年末までに起きるだろう。この7月危機を引き継いで、事態はさらに深刻になってゆく。大きな銀行と証券会社が世界中で次々に倒産（破綻《はたん》）してゆく。

この7月危機では日本の三つの大きな金融法人が相当の打撃を受けた。致命的と言ってもよい。それは農林中金《のうりんちゅうきん》と三菱《みつびし》ＵＦＪ銀行（三菱ＵＦＪフィナンシャルグループ）とニッセイ（日本生命）である。農林中金は実質的にすでに破綻（破産）しており、やがて、みずほ銀行に救済合併されていくのではないか。しかし、みずほも同じく1・2兆円「やられている」。この農林中金、三菱、ニッセイ三つの日本の大金融会社が今回受けた大損害（戻ってこないお金）は、7ページの表のとおりである。

7月13日にヘンリー・ポールソン財務長官が、日曜日だというのに、ただ一人で記者会見を開いた。ここでアメリカの二大住宅公社であるフレディマックとファニーメイの経営危機が突如、大きく表面化した。世界中が仰天《ぎょうてん》した。株価が急落（10ドル割れ。35ページのグラフ）し、アメリカの金融市場全体の信用危機（システミック・リスク）が起きつつある。最悪の場合、この二大金融会社のデフォールト＝破綻、倒産に発展する。このことをポールソンは、正直にさらけ出すように白状したのである。これは大変なことだ。次の新聞記事がその証拠である。

サブプライム　米、公的資金注入も　住宅金融2社を支援

米政府と連邦準備制度理事会（ＦＲＢ）は7月13日、低所得者向け高金利型住宅ローン（サブプライムローン）問題の影響で株価が暴落している米政府系住宅金融会社の連邦住宅抵当金庫（ファニーメイ）と連邦住宅貸付抵当公社（フレディマック）に対する緊急支援声明を発表した。米政府が融資枠拡大や、公的資金注入による資本増強を検討、ＦＲＢも資金繰りを全面支援する。……両社は米住宅ローン残高の半分程度に当たる5兆ドル（約５３０兆円）規模のローンに関与しており、住宅価格の下落や融資の焦《こ》げ付き急増で資産が劣化。損失処理に資本不足との見方が広がり、株式の売りが殺到し、両社の株価は昨年のピーク時から80％下落、過去16年で最低水準に落ち込んだ。

（産経新聞　2008年7月15日）

サブプライム問題、再燃　米大手金融、損失底なし

国内金融機関が保有する米政府系住宅金融会社発行の債券は、今年3月末時点で農林中央金庫の5兆5000億円を筆頭に総額15兆円を超える。利回りが相対的に高いうえ、「米国債に準じる安全資産」とみられているため人気を集めてきた。

米銀同様に邦銀もサブプライム関連の証券化商品に投資し、多額の損失を計上した。米政府系住宅金融会社の経営危機が深刻化し関連債券が急落すれば、日本の金融機関も巨額損失を被《こうむ》りかねない。

ただ、米政府が支援に乗り出していることから、邦銀関係者は「関連債券は米政府が償還を事実上保証している」と指摘。……それでも、米政府の支援が順調に進まないと関連債券の価格が下落する恐れは残り、金融庁も各金融機関に保有残高の報告を求めるなど慎重に状況の推移を見守る考えだ。

（毎日新聞　2008年7月19日）

このフレディマックとファニーメイの累積損失《るいせき》は、なんと合計で5・2兆ドル（530兆円）である。5・2兆ドルという金額が、実はもう戻ってこないのである。日本円で530兆円という金額が、どれほどとてつもないものであるかを考えてみてほしい。豆腐が5丁《ちょう》、10丁という話ではない。あまりに巨額のお金の話になると、私たちはまったくの他人事《ひとごと》のように思ってしまう。

さらにはこれを二桁少なくした、日本円での5・5兆円という農林中金の投資額（フレディ債とファニー債とその他の仕組《しく》み債を購入した保有残高）は、とてつもない巨額の金である。誰が何と言おうがこれらはもう返済の目処《めど》が立たなくなっている。

アメリカ政府（米財務省）が資本注入＝税金投入＝公的資金投入で、これを救済するものだと、日本人は皆で思い込んでいる。もはやそんなことはないし、できないのである。この二つの米住宅公社を実質的に国有化（nationalize ナショナライズ）するとか、アメリカ政府の全面支援《ティク・オーヴァー》が必ずあるというような噂話や愚《おろ》かな解説が日本国内で今も広まっている。しかしそれらは嘘だ。アメリカ政府はこれらの損失の補償（住宅債券の全額償還）を保証したり肩代わりしたりはしないし、どうせできないのである。

ここで私は、はっきりと書いておく。フレディマックもファニーメイもGSE《ジーエスイー》である。

日本の金融機関が保有している米国政府系住宅金融会社の関連債券

農林中央金庫	5兆5000億円
三菱UFJフィナンシャルグループ	3兆3000億円
日本生命保険	2兆6300億円
みずほフィナンシャルグループ	1兆2000億円
第一生命保険	9000億円
中央三井信託ホールディングス	7584億円
三井住友フィナンシャルグループ	2198億円
大和証券グループ本社	1500億円
8社計	15兆円
日本の金融機関合計	23兆円

共同通信（2008年7月17日）、ロイター（2008年7月16日）配信記事を基に作成。

GSEとは、Government《ガヴァメント》 Supported《サポーテッド》（あるいはSponsored《スポンサード》）Enterprise《エンタープライズ》という性質の特殊な企業である。「半官半民」と言いたいところである。しかし実は民間企業なのである。「公社」と日本語で訳されるから、だから公共企業体であろうと日本人は勘違いする。アメリカ人の普通の感覚では、この「住宅公社」は国営企業（役所）などではなくて民間企業なのである。

GSE《ジーエスイー》という言葉は、日本の新聞記事でも急遽《きゅうきょ》、頻繁《ひんぱん》に使われるようになった。このGSEは、「政府支援企業」なのであって、決してGovernment《ガヴァメント》 Guaranteed《ギャランティード》 Enterprise《エンタープライズ》ではない。すなわち「政府保証企業＝国有企業」ではないのである。この点を日本人は政治家のトップから財界人、官僚たちを含めて全員で誤解している。あるいは半ば意図的に私たち国民に気休めのための嘘情報を流している。

「安心してください。米住宅公社債は米国債に次ぐ安全な公債です」と、さかんに宣伝なのか言い訳なのかしている責任者たちの姿がメディアに映った。しかしやがて、そのうち真実が露呈する。返せない金は返せないのである。厳しく世の中（世間《せけん》）を渡ってきた読者のみなさんならば分かる。大丈夫かなと思いながら、情にほだされて「貸した金は返ってこない」のである。親戚や友人から泣きつかれて貸した金は返ってこないとあきらめるしかないのだ。それが凍《こお》りつくよな浮き世の定めなのである。貸した自分が馬鹿だったと思うよりは、最初からあげた金だと思うのが賢い人間のすることだ、ぐらいは苦労人なら知っている。

それでも貸した金が、あまりにも大金、巨額すぎると自分の首が回らなくなる。すなわち連鎖倒産である。今や日米は「抱きつき心中」あるいは「抱きつかれ心中」の関係に突入したのである。

2008年9月

副島隆彦《そえじまたかひこ》

目次

2章 「金融工学」の罠

3章 「格付け」と「会計基準」の虚妄……101

4章 恐慌への道のり …… 143

著者写真撮影／近藤陽介
装幀／中原達治

1章

アメリカと心中する日本経済

●アメリカ政府は住宅公社の「救済」などしない

米財務省は、たしかに二つの住宅公社（かつての日本の住宅金融公庫はこれらを真似《まね》して作られた）が発行して世界中にバラ撒《ま》いている530兆円におよぶ累積の損失金（だと公然と宣言した）を、債務保証して全額返済（債券の償還）する、と空約束《から》や口約束だけは今後も繰り返すだろう。だが実際のところ、もう返す気はさらさらなくなっている。アメリカ人の友人がいる人は直接聞いてみてください。

日本の農林中金（5・5兆円）の幹部たち（農水省官僚の天下りたち）と三菱UFJ銀行（3・3兆円）の最高幹部たちと、窓口の日本の金融官僚たちは、これらのアメリカに貸したお金が政府保証で返済されると勝手に思い込んでいる。彼ら日本の金融問題の頂点にいる人々までが騙《だま》されているのである。この期《ご》におよんでまだ気づかないのか、と私は彼らの尻を蹴飛《けと》ばしたい。

繰り返し言うが、GSE《ジーエスイー》は国有企業ではない。だからそこが発行する債券《ボンド》は国債ではない。米国債（総称してナショナル・ボンドと言う。代表は10年ものの財務省証券＝TB《ティービー》 Treasury《トレジャリー》 Bill《ビル》である）ならば、一国の国家借金証書（国家債務）なのだから必ず返済しなければならないし、そのつもりだ。しかしGSEボンドはそのような扱いは受けない。

金融恐慌の震源地となった
フレディマック本社（バージニア州）

ディズニーのキャラクターのような「フレディマック」（Freddie Mac）は愛称である。正式名称は、Federal Home Loan Mortgage Corporation（連邦住宅金融抵当公庫。あるいは連邦住宅貸付抵当公社）という。
またファニーメイの正式名称はFederal National Mortgage Association（連邦住宅抵当金庫。あるいは連邦住宅抵当公社）である。

写真／ロイター＝共同

●バランスシート

フレディマック			
資産の部		負債の部	
現金・現金同等物	435億5300万ドル	買掛金	72億800万ドル
現金・短期投資	435億5300万ドル	1年以内に返済予定の長期負債	3263億300万ドル
総債権	62億4700万ドル		
長期投資	329億3700万ドル	長期債務	5095億900万ドル
他	183億9900万ドル	その他負債	229億4400万ドル
		負債計	**8660億9500万ドル**
		資本の部	
		償還優先株	141億900万ドル
		普通株	1億5200万ドル
		資本金	8億6400万ドル
		利益剰余金	261億2800万ドル
		自己株式	−41億2500万ドル
		他の持ち分	−241億8000万ドル
資産計	**8790億4300万ドル**	**負債資本計**	**8790億4300万ドル**

ファニーメイ			
資産の部		負債の部	
現金・現金同等物	134億9300万ドル	未払い費用	63億900万ドル
現金・短期投資	134億9300万ドル	支払手形/短期負債	2402億2300万ドル
総債権	233億6800万ドル	長期債務	5592億7900万ドル
長期投資	8088億2600万ドル	その他負債	387億1700万ドル
他	207億9200万ドル	**負債計**	**8446億9200万ドル**
		資本の部	
		償還優先株	217億2500万ドル
		普通株	6億4200万ドル
		資本金	39億9400万ドル
		利益剰余金	278億9800万ドル
		自己株式	−72億9500万ドル
		他の持ち分	−57億3800万ドル
資産計	**8859億1800万ドル**	**負債資本計**	**8859億1800万ドル**

米二大住宅公社の財務状況

●損益計算書

	フレディマック	ファニーメイ
科　目	金　額	金　額
収益	102億2000万ドル	102億3200万ドル
その他収益	1億6400万ドル	2億3200万ドル
■総収入	**103億8400万ドル**	**104億6400万ドル**
原価	86億9100万ドル	92億9000万ドル
■売上総利益	**15億2900万ドル**	**9億4200万ドル**
販管費、支払利息など	35億4500万ドル	39億1700万ドル
■総事業費	**122億3600万ドル**	**132億700万ドル**
■営業利益	**−18億5200万ドル**	**−27億4300万ドル**
■税引き前当期利益	**−18億5200万ドル**	**−27億4300万ドル**
■当期利益	**−8億2100万ドル**	**−23億ドル**

上表のとおり、2008年8月に発表された4-6月期の四半期決算で、フレディマックは8.2億ドル（約900億円）の損失（前年同期は7.3億ドルの損失）、ファニーメイは23億ドル（約2500億円）の損失（前年同期は19.5億ドルの損失）を計上した。両社ともに4四半期連続での赤字となり、損失は拡大中。財務体質も悪化している。これを受けてスタンダード・アンド・プアーズが両社の優先株の格付けを大幅に引き下げるなど、米市場関係者の間では自力再建が困難であるとの見方が支配的となっている。

［フレディマックとファニーメイが8月6日に発表した
2008年第二四半期（4-6月期）決算より作成］

いくら日本の金融官僚トップたちが「米国債に次ぐ信用のある公債だから、元利《がんり》耳をそろえて返済（償還）してくれる」と言い張っても、その時の彼らの震える唇をじっと見つめれば真実は分かる。「暗黙《タシット》の米政府保証がある」と言っても、契約書（起債《きさい》の際の目論見《もくろみ》書《しょ》）には書いていない。

その次はせめて3分の1は返ってくるだろう、と夢と希望（願望）で考えるだろう。うしろのほうで説明するが、FDIC《エフディーアイシー》（米連邦預金保険公社《よきんほけんこうしゃ》）のつい最近の事例ではっきり分かるとおり、アメリカ政府は破綻した銀行の預金を3分の1しか返さなかった。すなわちFDICは預金額の返済をカバーしなかった。それが7月11日に突発的に起きた、インディマックという中堅銀行（住宅ローン専門会社。本拠はカリフォルニア州）破綻の取りつけ騒ぎ処理で露見してしまった真実である。42ページで説明する。

アメリカ国民の預金者に対してさえ、10万ドル（1070万円）を超えたペイオフ（すなわち手切れ金）分は3分の1がやっとのことだったのである。アメリカ国民はそれを当然のことだと受け止めた。歴史的に銀行強盗、列車強盗、追いはぎが当然であるアメリカ国民にしてみれば、銀行が倒産するまでボケッとしてお金を預けたままにしておく人間など保護するに値《あたい》しないと考えるのである。そこが平和ボケの私たち日本国民との違いである。

アメリカ政府（米財務省）は、この二つの巨大な「政府支援の」住宅公社の損失を、全額補塡《ほてん》したり保証したりはどうせしない。５・２兆ドル（５３０兆円）という負債額はあまりにも巨額である。

ヘンリー・ポールソン長官の本心は、外国の投資家には１ドルも損失補塡しない、である。どうせ俺も、このあと11月まででお役ごめんになる。次の大統領選までこの汚れ仕事をやって、あとは野となれ山となれ、である。あとは狂気の〝実戦用将軍〟（war《ウォー》 general《ジェネラル》、戦争将軍）であるベンジャミン・バーナンキＦＲＢ議長が引き継ぐ。

以上がアメリカの本心である。イギリス人はこのことが肌合いを通じて即座に分かった。だから総額10兆円（ぐらい）の取りっぱぐれでも、目下狂騒状態にある。イギリスの住宅バブル崩壊はひどい。ドイツ人は日本人よりは気づいているが、まだ半分は騙されたままである。フランス人はとっくに冷酷に気づいていて、アメリカのやり方を冷ややかに見下している。中国人は密かにどんどん、これらのボロクズ債（ジャンク債）を売り始めている。日本はこのあと、どう対処するつもりか。それが本書、恐慌前夜の「日米抱きつき心中」の課題である。

●馬脚を現わした金融商品

私はこの本のタイトルを「恐慌前夜」とした。アメリカ発の大恐慌が始まると私が2003年に書き始めて5年になる。もうそろそろなのではないか。

この本の表紙に打ち込んだ英文の“Lies《ライズ》, Big《ビッグ》 Lies《ライズ》 and《アンド》 Statistics《スタティスティクス》”は、有名なイギリスの格言（マキシム）である。ユダヤ人の大宰相ディズレーリが言った名言だ。「世の中には三つの嘘がある。それはただの嘘と大嘘。そして統計学のふりをした、高等数学で表わされる嘘八百の金融・経済のあれこれの数値のことだ」という意味である。

私たちが毎日、テレビや新聞で読まされる金融・経済の数値は嘘で満ちあふれている。頭からそれらの数値を信じ込んで、自分は金融が分かる、能力のある人間だと思い込むこと自身が過《あやま》ちである。それらの記事の裏側にある真実を読まなければいけないのだ。私たち日本人は、強く疑う目を養《やしな》わなければならない。そうしないと資産家や経営者は、これから自分の大切な金融資産を吹き飛ばされ、あるいは国家に奪い取られてゆくだろう。

近年、途方もない金融商品のあれこれが金融工学（ファイナンシャル・エンジニアリング）という言葉でもてはやされた。だがこれらの金融商品の売買や取り扱いについて、化けの皮がすべて剝《は》がれてしまった。Statistics（スタティスティクス。すなわち高等な数学で

日本で深刻な表情を見せていた２人

2008年2月9日、東京港区の三田共用会議所で開催されたG7（7カ国財務相・中央銀行総裁会議）でのベン・バーナンキFRB議長（左）とヘンリー・ポールソン米財務長官。心なしか目がうつろである。この1カ月後、アメリカはベア・スターンズ証券（全米5位）の破綻劇に見舞われることになる。

写真／共同通信（代表撮影）

表現する金融経済学のあれこれのこと）については、うしろのほうでまた説明する。
元手が１００万円しかないのに、レバレッジ（梃子《てこ》。投資倍率）で３００倍だと3億円の取引ができてしまう。金融先物（指標取引《インデックス》）やＦＸ《エフエックス》（外国為替証拠金取引）ではそういう金融博打《ばくち》をやるから、１００万円で3億円のゲームができる。こんなことが「洗練された高等数学を駆使している」と称する金融先物市場（代表がシカゴ・マーカンタイル取引所。ＣＭＥ《シーエムイー》）で行なわれている。

ニューヨークの〝ユダヤ金融城〟は、昨年（２００７年）8月17日に勃発《ぼっぱつ》した〝サブプライム・ローン崩れ〟でついにボウボウと火がついてしまった。このサブプライム危機以降の金融大崩れは、ちょっとやそっとでは収まらないのである。あれは確実に世界恐慌突入への引き金を引いたのである。

あの日からちょうど1年の今（すなわち一周年記念）、私は一人で遠い海を眺《なが》めている。これからも果てしなく続く、金融地獄でのたうち回る人々の阿鼻叫喚《あびきょうかん》を肌で感じながら、起こりくる事態をさらに冷酷に、かつ的確に予測（予言）してゆく。今さら誰にも遠慮しない。日本国民にとって迫りくる危機を正確に測定し、警鐘を鳴らす。もう危ないから逃げなさい、と叫ぶ。私の本の読者になってくださる懸命で賢明な人々に誠心誠意をもって道しるべをお示ししたい。

また私は、金融庁という名の怖ろしいゲシュタポリツァイ（金融に関する国民監視警察）の悪を公然と指摘し、「資産家と経営者と投資家たちよ。気をつけなさい」と叫ばずにはいられない。

金融（監督）庁はちょうど10年前の１９９８年に、アメリカが日本に作れと押しつけた怖ろしい国民監視用の金融秘密警察である。戦前の特高《とっこう》（特別高等警察。内務省の外局だった）と同じような恐怖の役所である。いつの間にか東京の霞《かすみ》ケ関《せき》ビルの裏にそびえ立つ38階建てのビル（「霞ヶ関コモンゲート」と言う）に入り、２階から18階までを占めている。財務省（旧大蔵省）なんかコケにされている。私たちは本気で身構えなければならない。

●「暗黒の木曜日」は、どのように訪れたのか

歴史を遡《さかのぼ》って説明する。**人類（人間）の歴史は70年周期で動く。**人類史は70年周期のサイクルあるいは波動で繰り返すという性質を持っているのである。１９２９年の10月にニューヨークの株式暴落があった。あの時が世界大恐慌の突入であった。来年の２００９年は、それから80年である。その10年前の１９９８年に、「アジア通貨危機」と「金融ビ

ッグバン（本当は外資の大侵略）」と「大蔵落城」があった。

アメリカの株式市場は、１９２４年（大正13年）の中頃から、欲ボケの投機（スペキュレーション）資金が各方面から流入して暴騰《ぼうとう》期に入っていった。

株式で大儲けをした人々の話を聞いて、多くの人々が欲にかられた。そして自分も儲けたいというスケベ根性で株式市場に殺到した。第一次世界大戦後（１９１８年）に起きた世界的な好景気で、だぶついていた資金が金融市場に流入した。金融市場の投機熱はさらに高まり、ダウ平均株価はそのあとの5年間で5倍に急騰した。今で言えば２０００年に３０００ドル台だったＮＹ《ニューヨーク》ダウ平均株価が、４倍の１万４０００ドルちょうど（２００７年10月9日）にまで跳《は》ね上がったことに実によく似ている。

そしてＮＹダウは暴落を開始した。歴史は繰り返す。まさに私たちの目の前で、目下歴史は繰り返しつつあるのである。そのことにさっさと気づいた人は勝ちである。

１９２９年9月3日に、ダウ平均株価は３８１ドル17セントという史上最高価格を記録した。そして暴落が始まった。市場はこの時から調整局面を迎えた。このあとに続く１カ月間で、ずるずると訳もなく17％下落した。ところがどうしたことか、次の１週間では下落分の半分強ほどを持ち直した。そしてその直後に、また上昇した分が下落して帳消しに

「運命の日」を迎えたウォール街

1929年10月24日のニューヨーク。株価は一気に50ドル以上も暴落して、街は写真のように騒然となった。この日が「暗黒の木曜日」である。右手の建物はニューヨーク証券取引所。

写真／共同通信

なるという神経質な動きを見せた。17％の下落とは64ドルの下落であり、381ドルが316ドルになっていた。

そして最高値をつけた9月3日から52日目の10月24日に運命の時が来た。この日、巨大なガラ（株価の大崩れ）が起きた。241ドルだったダウ平均株価は一気に51ドルも下落して190ドルになったのである。この日が後世「暗黒の木曜日」（ブラック・サーズデー）と呼ばれる大暴落の日だ。10月24日からの3週間で300億ドルが吹き飛んだ。

それでもなお、おかしなことに大暴落を身をもって味わった人々でさえ、それが大恐慌（ザ・グレイト・ディプレッション）が始まった歴史的な日だとは気づかないのである。人間とは実に浅ましい生き物である。自分の目を疑う現実が眼前で出現しても、それでも「起こってほしくない現実」は、自分の目の前にあっても見えないのである。

2008年9月の今の時点でもなお、同じように自《みず》らを盲《めし》いたる者にしている人々がたくさんいる。アメリカべったりで、アメリカにくっついてさえいれば、自分たちの生活が豊かなままこれまでどおりに続くと、偏執狂とでも呼べるほどの信念で疑わない人々のことである。エコノミストとかストラテジストとか証券アナリストとかファンドマネージャーと称する、訳の分からない金融カタカナ職業の人々である。「オーストリッチ・コンプレックス」という格言《マキシム》があって、ダチョウは地中に頭を隠せばオオカミが自分に襲ってこないと信じることを言う。目に見えなければどんな危機も存在しないことになると思い込める人々のことだ。

農林中金（5・5兆円）、三菱UFJ（3・3兆円）、ニッセイ（2・6兆円）の幹部たちは、前述した米住宅公社に融資した金（購入した債券の残高）が安全に返ってくると思っているのか。正直に日本国民に説明すべきだ。あるいはこのように書く私を、ホリエモン（堀江貴文《ほりえたかふみ》）に対してやったのと同じように、「風説の流布《ふうせつのるふ》の罪」（金融商品取引法158条）で逮捕するだろうか。ゲシュタポ（リッァイ）である金融庁が、まさか銀行業とは何の縁もない個人の私ごときを相手にするはずもない。

●世界最大企業の株が大暴落した

本書でも金融・経済のことについて、私は次の6つの分類で語ってゆく。

①　金利

②　為替（ドル円相場）

③　マネーの量
④　株式の動き
⑤　国債や債券の市場
⑥　金《きん》と石油と土地（不動産）

以上の6つについてである。

今回、重要な動きとして起きたのは、⑤の債券（ボンド）市場の激変である。アメリカの住宅公社株の大暴落ぶりは、35ページのグラフのとおりである。この2公社の株価は、何ともはや驚くほどの〝釣瓶落《つるべお》とし〟の急落である。

ついでにGM（ゼネラル・モーターズ）の株価が、なんとまあ8ドル台にまで落ちている。左にグラフも掲げておく。さらにはシティグループ（シティバンク）の株価が8ドルちょうどにまで激下げしている。この事実も知っておくべきだ。GM《ジーエム》とシティという二つの巨大企業は、つい最近まで世界最大企業としての地位を誇っていたのである。何という無様《ぶざま》な姿であろう。

シティグループ（実質のオーナーは〝世界皇帝〟デイヴィッド・ロックフェラー93歳）の株

シティバンクの株価の推移

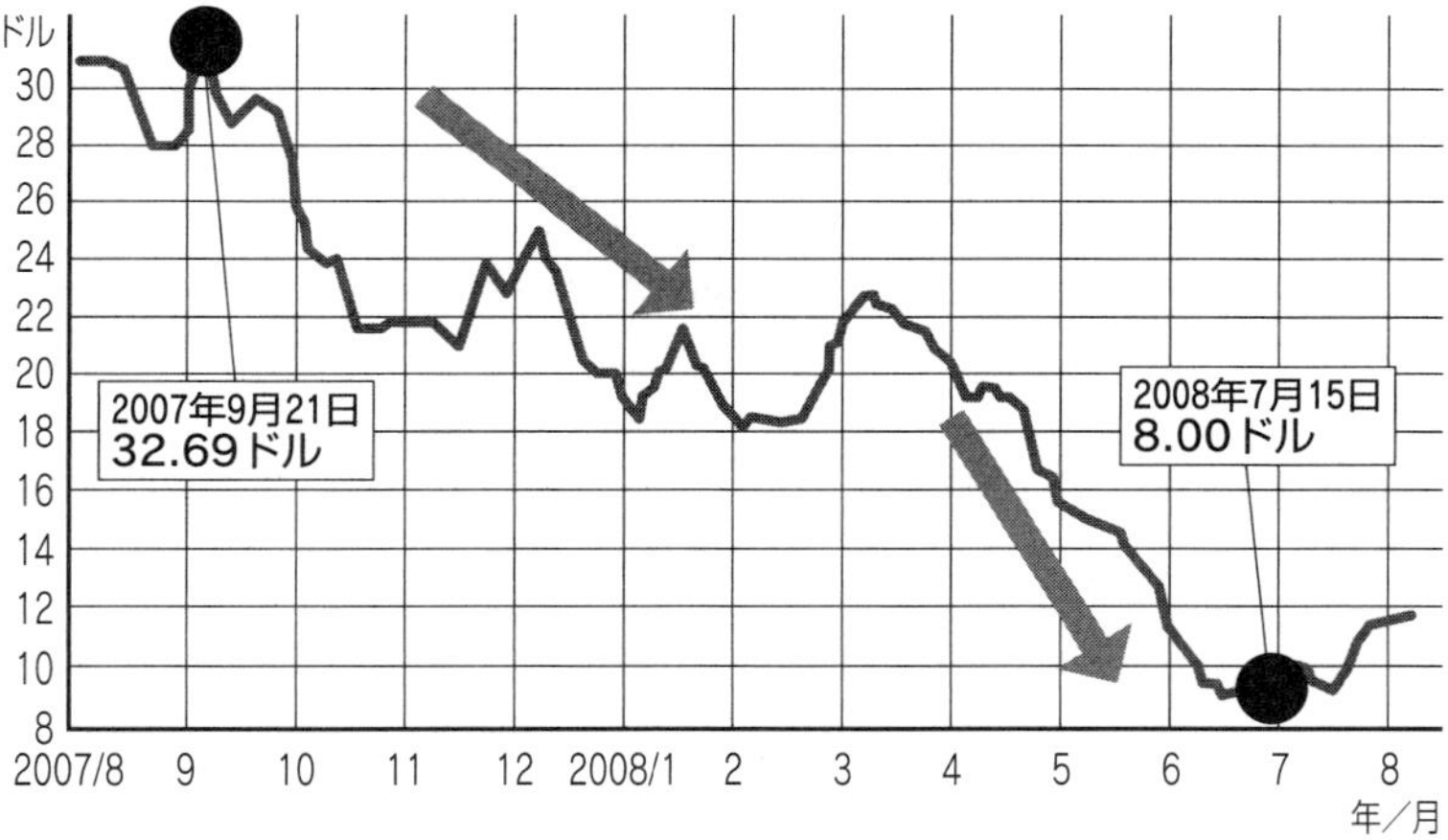

GM（ゼネラル・モーターズ）の株価の推移

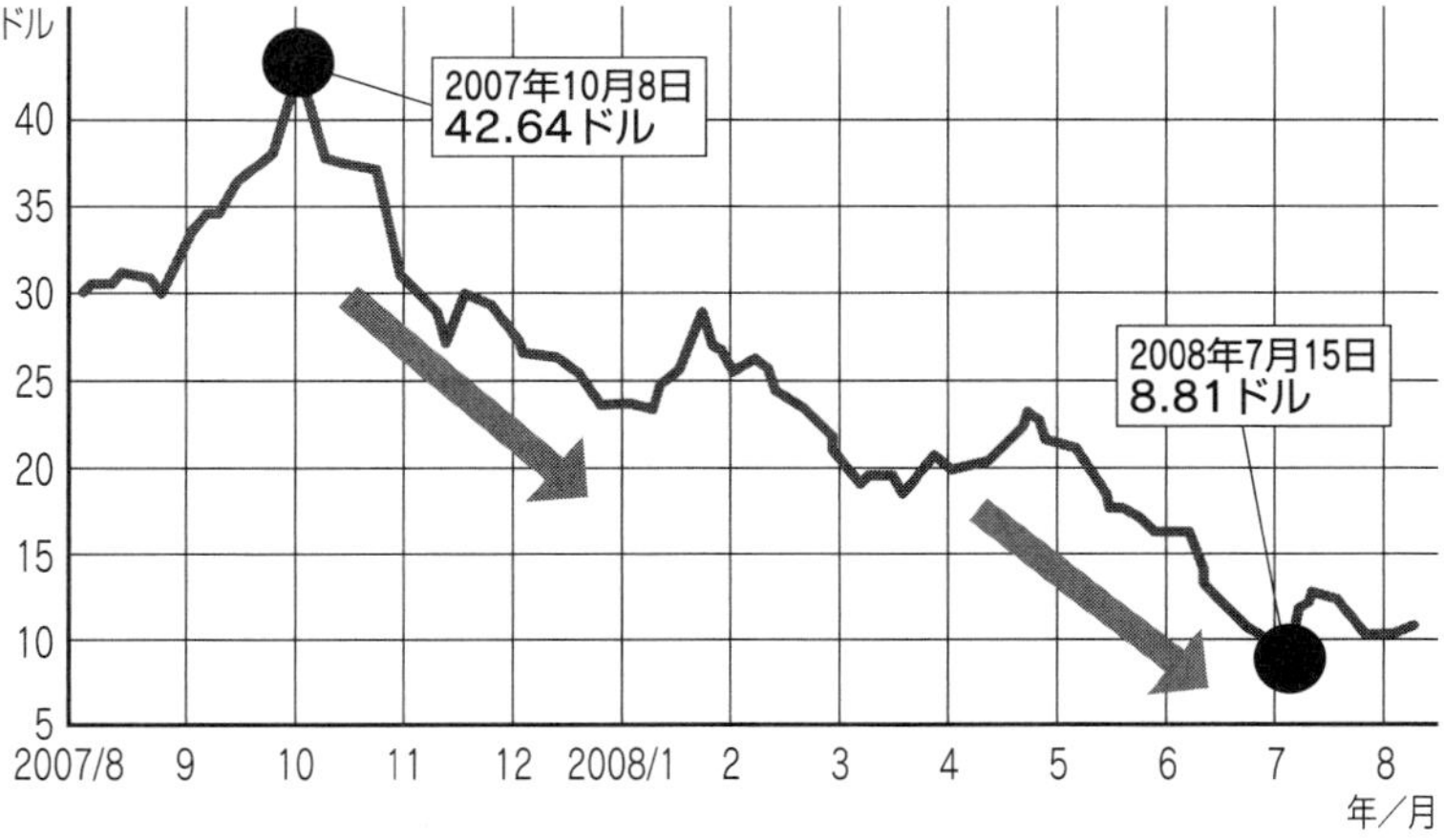

（Dow Jones IndexとYahoo! Financeのヒストリカル・データから作成）

価も、そのうち5ドル（500円）になるだろう。ボロ株そのものだ。それでもまだ皆さんは「アメリカは強い、アメリカは強大である、アメリカの言うとおりにしていることが日本にとって最善である」と信仰し続けるのか。

●焦げついた住宅公社債（530兆円）、その内訳

ことの始まりは、7月に入って米大手証券のリーマン・ブラザーズが「GSE《ジーエスイー》（住宅公社）は、会計基準が厳格化されれば750億ドル（8兆円）の増資が必要だ」と記したリポートを発表したからだ。このリーマン自身の破綻の日も近い。人（他人）のことを評論（分析）している暇はない。

7月10日にウィリアム・プール前セントルイス連銀総裁が、「GSEはすでに実質債務超過（破綻している）である。政府による救済がどうしても必要となる」と発言した。このため、ファニーメイ（Fannie Mae）とフレディマック（Freddie Mac）の株価は翌日11日に、一気に一時10ドルを下回るまでに急落した（フレディが3ドル、ファニーが6ドル台。左ページのグラフを参照）。そして破綻が本当に危惧《きぐ》される状況に陥《おちい》った。6ドル、3ドルというのは日本の株式で言えば「額面50円割れ」に等しい。この株価が今後大きく回

アメリカの住宅公社2社の株価推移
（ニューヨーク証券取引市場・直近2年間）

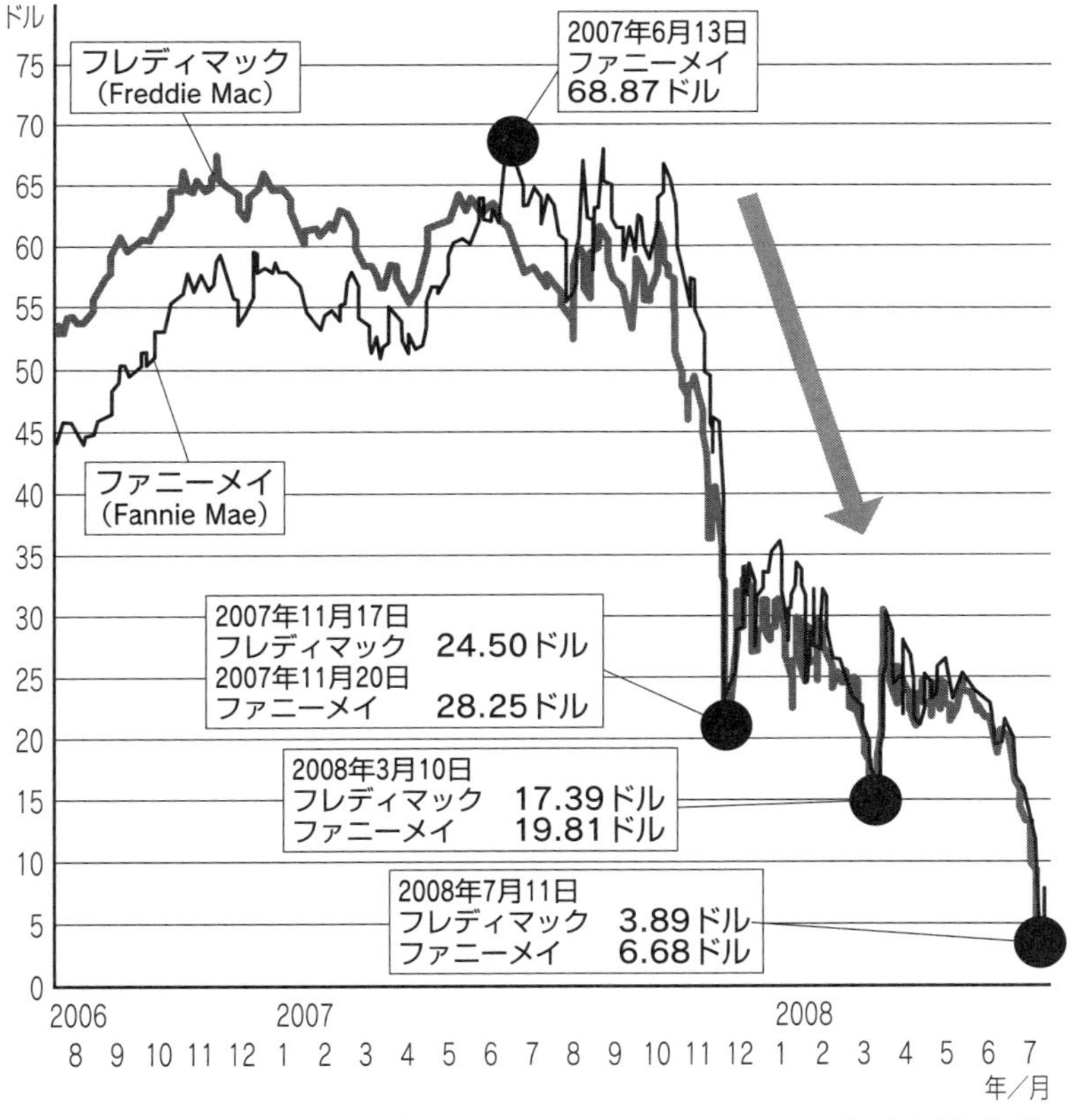

（Dow Jones Indexのヒストリカル・データを基に作成）

復することはない。二大住宅公社は、すでに死に体である。つい最近まで株価が100ドルを超していたアメリカの「政府系金融機関の超優良会社」だったのに。

みんなの血の気が引いた。その次の日の7月13日に、ヘンリー・ポールソン財務長官の開き直りにしか見えない突然の記者会見があった。ここで、両社の5・2兆ドル(530兆円)もの巨額の不良な融資残高と債券発行残高の合計金額が公表され、これらのすべてが信用毀損していることが判明した。これらの公社債券の担保となっているのは、公社が買い取ってさらに別の証券に組み立て直した住宅ローン債権である。そのほとんどが大きく不良債権(バッド・ローン)化している。

その内訳は推測すると次のとおりだ。

アメリカ国内の住宅ローンを一件あたり20万ドル(2000万円)として、それが全米で6000万件ある。20万ドル×6000万件で、合計で12兆ドル(1300兆円)である。このうちの約半分(約3000万件)を債権下取りして、前記の二つの住宅公社が抱え込んでいた。その合計金額が5・2兆ドルなのである。

このうち、いわゆるサブプライム・ローン(初めからまったく返済する気もない人たち用の住宅ローン）が2兆ドル（200兆円）ある。この他に自動車ローンとクレジットカード・ローンと学生相手の学費ローンが加わる。

そしてこの焦げついた5・2兆ドル（530兆円）のうちの160兆円を、諸外国の大銀行が買っていることが判明したのである。この金額までが正確に公表されたことが衝撃的であった。米財務省がポールソン長官の記者会見のあとに、コソコソと、しかし実はこれ見よがしにペロペロと発表して世界中に流れるようにしたのである。これで衝撃が走った。勝手にこんなことを米財務省にやられてしまった主要諸外国のほうがたまったものではない。真っ青である。このあとの様子は、次の記事で分かる。

米住宅公社債券160兆円、海外機関が保有　米財務長官

ポールソン米財務長官は7月22日、ニューヨークで講演し、米連邦住宅抵当公社（ファニーメイ）と米連邦住宅貸付抵当公社（フレディマック）の2社が発行する債券や住宅ローン担保証券が総額5兆ドル（約530兆円）に上り、このうち1兆5000億ドル（約160兆円）超を海外の中央銀行や金融機関が保有していることを明らかにした。一方、金融機関の財務体質を改善するため、資本増強と並んで配当政策の見直しを促した。

長官は住宅公社が「すべての世界の金融機関と最も密接に結びついている機関」であると強調し、海外の機関の保有分に関する数字を挙げた。そのうえで「ファニーメイとフレディマックの安定は金融市場の安定に重要だ」と指摘。２社への緊急融資や公的資金による資本注入を計画している支援策を巡る議会との法制化の作業については、週内の取りまとめに強い意欲をみせた。

（日本経済新聞　２００８年7月23日　傍点は引用者）

この「海外の中央銀行や金融機関が保有している」１６０兆円（１・５兆ドル）の内訳は、おそらく次のとおりだろう。

中国が40兆円。日本が23兆円（本当はこの倍ぐらいの額があるのではないか）。サウジアラビアが30兆円だろう。さらにイギリスは10兆円で、これでゴードン・ブラウン首相が真っ青である。前述したとおりイギリスは、もう大恐慌（ディプレッション）突入だと大騒ぎしているのである。

フランスとドイツもそれぞれ10兆円ぐらいだろう。独、仏と同じ10兆円（５００億ポンド。現在1ポンド＝２００円）程度の金が貸し倒れ金になる、と言って意気動転しているのが人口5000万人の今のイギリスの国力なのである。すでにアメリカに、私の概算で600兆円（5・5兆ドル）を貸し込んでいる（米国債その他に）日本としては、「10兆円ぐらいのことでガタガタ言うな」という感じになる。

●取りつけ騒ぎは対岸の火事ではない。日本でも起きる

今のイギリスは100年前の大英帝国（ザ・ブリティッシュ・コモンウェルス）の心意気もまったく消え去っている。すっかりアメリカ帝国の家来に成り下がり、ワンころ（ブッシュのプードル犬）ぶりが身に付いてしまっている。今のイギリス人にしてみれば、たったの10兆円の取りっぱぐれで大慌てなのである。これからロンドンの住宅バブルが激しく大暴落する。いや、目下暴落の最中である。

欧州では、他にスペインがイギリスの景気後退（ディプレッション）と同じくきつくなっている。イタリアは初めからお話にならないぐらい沈滞している。しかし国民は昔のまま陽気である。イギリスのブラウン首相は任期をまっとうできないだろうと噂されている。

英信用収縮は一段と深刻化、金融機関はデフォルト率上昇へ＝英中銀調査

イングランド銀行（英中銀）が7月3日公表した四半期信用調査によると、景気見通しの悪化に伴い金融機関がデフォルト（債務不履行）率の上昇を予想するなか、家計、企業レベルで信用収縮が今後数カ月間に深刻化する見通し。調査では、金融機関が家計向けモーゲージ融資（住宅ローンのこと）を一段と削減し、融資基準を厳格化する見通しであることが示された。

調査によると、金融機関は、住宅市場の見通し、景気見通しの変化、リスク志向の変化などを受けて与信能力が低下したと報告。こうした要因を背景に今後3カ月間に信用収縮《クレジット・クランチ》が進むとみている。

第2・四半期の家計向け有担保融資のデフォルト率は予想以上に上昇。金融機関は家計向け、法人向けともに今後数カ月でデフォルト率が一段と上昇すると予想している。企業の合併・買収（M&A）や設備投資、商業不動産セクター向け融資の需要は予想以上に後退した。

（ロイター　2008年7月3日）

これらの事実ははっきりしている。なのに日本のメディア（新聞、テレビ）はまったく報道しようとしない。昨年9月14日に起きた英ノーザン・ロック社（大手の住宅ローン専

取りつけ騒ぎは、やがて日本でも起きる

カリフォルニア州の銀行「インディマック・バンコープ」では預金を引き出そうと長蛇の列ができた（上写真／撮影は7月14日）。
左は昭和2年の金融恐慌で起きた東京貯蓄銀行の取りつけ騒ぎ。歴史は繰り返される。

写真／ロイター＝共同（上）
KKフォト（下）

門銀行）の取りつけ騒ぎの様子を意図的に報道しようとしなかった。同じく昨年8月22日には、米カリフォルニア州のカントリーワイドの取りつけ騒ぎもあった（これはバンク・オブ・アメリカが何とか救済合併した）。今年の7月11日の米インディマック・バンコープの取りつけ騒ぎ（bank running　バンク・ラニング）もあまり報じない。インディマックには長蛇の列ができた。銀行に人々が押しかけて、「私の金を下《お》ろさせろ」と騒いでいる。前ページの写真のとおりである。どうせ取りつけ騒ぎは、そのうち日本でも起きるのである。欧米で起きたことは日本でも起きるのだ。どうしてそういうことさえ分からないのだろう。何が何でも分かりたくないと言うことか。その日のために、10年前（１９９８年）から着々と**ゲシュタポ・金融庁**が日本に作られたのである。

この諸外国が保有する１６０兆円の内訳では、さらに中東のＵＡＥ《ユーエイイー》（アラブ首長国連邦。アブダビをはじめ7つの首長国《エミレイツ》からなる）で合計5兆円。オーストラリアが1兆円であろう。おそらくイタリアとロシアは0円である。この2カ国はアメリカなんかには騙されないのである。大したものである。

中国がこのあとどういう手に出るか。住宅公社につぎ込んで、貸し込んでいる40兆円だけの話では済まない。どういう動きをするか興味津々《しんしん》である。２０１０年の上海万博までは表面上はアメリカの言うことを聞かないと、国際的に恥をかかされる。だから「米中戦《せん》略《りゃく》対話《たいわ》」の取引材料に使われるから、アメリカに向かって「貸している金を返せ」とは、さすがの中国政府も騒げない。

それでも中国人のことであるから何をするか分からない。中国人を怒らせたら米国債を含めて、一気に市場で売り払ってしまうかもしれない。中国の外貨準備高は現在1兆800億ドル（200兆円）に達した（2008年7月15日の新聞各紙）。この200兆円のうちのほとんどは、まさしく米国債その他の公債である。それらは50州の州債とニューヨーク市などの大都市債と、そしてこの住宅公社債を主要なものとする。

日本の東京都の財政赤字のすごさを考えてみればいい。東京都も20兆円ぐらいの累積赤字（返せなくなっている借金）を抱えている。大阪府はその半分だろう。地方自治体（地方《ローカル》・政府《ガヴァメント》）の赤字というのも、世界中どこもひどいものなのだ。

●大量の住宅公社債を買い込んだ日本の〝犯人〟とは

日本が引き受けている23兆円について、表《おもて》に出ているのは7ページの一覧表のとおり15兆円である。だが残りの8兆円については一切明らかにされていない。どうやら100億円（1億ドル）単位で、日本国内のあちこちの年金運用団体や、業界ごとの共済組合などが分散して保有しているはずである。100億円単位で何本も買い込んで、長年このフレディ債とファニー債で運用してきたのである。

このようにして調子に乗って、たとえば年金資金の運用のために300億円ものファニー債とフレディ債を買い込んでしまったのは、各省官僚上がりの財務担当理事たちだ。彼ら元官僚たちが、天下り先で大慌てしている様が目に見えるようである。この元官僚たち何千人もが、長年威張《いば》り腐《くさ》ってきた挙げ句に今、深刻に悩んでいるはずである。

その投資金額は100億円単位で吹き飛ばされるのだ。もう元金《がんきん》さえも戻ってこないのである。「みんなから集めた金だ。返してくれ！」と泣き叫んでも、もう戻ってこないだろう。この元官僚たちは、農林中金の上野博史《うえのひろふみ》理事長が7月16日の記者会見で言ったとおり、「米国債と同様の信用力ある債券だ。米国政府が保証するだろうから安心してほしい」と説明に躍起になっている。冷や汗が背中を流れるとはこのことであろう。

調べてみたら、みずほが抱えていることが発表された米住宅公社債のほとんどは、ジニーメイ（Ginnie Mae 米連邦政府住宅抵当金庫）という公社が発行する公社債である。ジニーメイ債はフレディマックとファニーメイが発行する債券とは異なって、はっきりと米国債なみのしっかりとした政府保証がついている。だからみずほグループの幹部たちは、少しも慌てているように見えない。みずほグループは旧第一勧銀と富士銀行と興銀《こうぎん》（日本興業銀行）の三つが合併してできた銀行だ。本当は旧興銀が抱えていた実損で2兆円の大損（ワリコーなど）を、富士と一勧でサンドイッチのように隠し込むことでできた金融グループである。

●アメリカは1円も返さない

アメリカの全国民が抱えている住宅ローン残高の総額は、前述したとおり12兆ドル（1300兆円）である。これはアメリカの1年間のGDP（国内総生産）14兆ドルの85％に相当する。そのうちの半額弱にあたる5・2兆ドルが今回、露《あら》わになったのだ。どう考えてもこれらはすでに焦げついている。返済不能、債務不履行の一歩手前である。アメリカ版二大住宅金融公庫は、長年にわたり逆ザヤを放置して、赤字タレ流しの経営を続けてきた。その実態がついに満天下に明らかになった。

なぜ、この5・2兆ドル（530兆円）は1ドルも返済されないことになるのか。それはアメリカの福祉政策が原因だ。アメリカが「国民向けの持ち家政策」という甘っちょろい福祉の大盤振る舞いを行なってきたからである。

初めからまったく返済する気がないのに融資を受けたサブプライム・ローン層の２００兆円が、全額焦げつくことは誰でも分かる。「ただでもらったに等《ひと》しい」その家を投げ捨てて出ていきさえすれば、サブプライム・ローンは消えてなくなるのである。アメリカの住宅ローンはそういう仕組みになっている。残債《ざんさい》がどこまでも追いかけてくるということがない。一生に1回きりの住宅ローンを25年間払い続けなければならない日本とは大違いである。この住宅ローンの仕組みをノンリコース・ローン（非遡及ローン）と言う。

その損は誰がかぶるのか。米住宅公社はアメリカ国民が融資を受けた住宅ローン債権を下取りして、それに米国債よりは高利のうま味を乗せて組み立て直し、別の金融商品（これをＲＭＢＳ《アールエムビーエス》と言う）にしたものを、この10年の間に諸外国に売りつけたのである。それらが今回、暴かれたのだ。

どこの馬の骨たちか知らないが、日本の金融専門家と称する者たちが、「アメリカのサブプライム・ローン金融危機は峠を越した」などと、どの面を下げて言って回っていたのか。お前たち自身の、その厚顔《こうがん》無恥《むち》な顔を自ら鏡に映すがいい。ここまで来ると「アメリカは必ず立ち直る」と言う者もすっかりいなくなってしまった。

アメリカ人はもう1円（1ドル）も返すつもりはないのだ。その他の地方債（各50州の州債と大都市債）などのアメリカ公債も、同様に紙切れとなることがこれでほぼ判明した。その合計残高が同じく5兆ドル（530兆円）ぐらいあるだろう。それもやがて表に出される。それからCDS《シーディーエス》という恐怖のデリバティブの残高が62兆ドル（6700兆円）もある（78ページ参照）。

●全米3億人の国民がしてきたこと

何でもかんでもニューヨークの金融ユダヤ人たちが悪いのではない。アメリカの一般国民も悪いのだ。彼らも共犯者だ。現在3億人いるアメリカ国民が、お金を使い散らして、借金をしまくって、クレジット・カードを使い、ローンやリースを組み、そしてそれらすべてをまったく返済する気がなくなっているのである。

私はこれまで自著で「帝国の報酬」（エムパイアズ・ディビデンド Empire's dividend ）と書いてきた。アメリカ人は自分たちがアメリカ帝国という世界を支配する国の国民に生まれた当然の恩恵として、いい暮らしができるべきだと思い込んでいる。それが「帝国（であること）の報酬」である。「帝国の民であることの当然の配当金《ディビデンド》」と言い換えてもいい。

それぞれの所属階層に合わせ、それなりの立派な家が、ほとんど無利息でただで手に入るものだと傲慢《ごうまん》にも思い込んだのだ。総額20万ドル（2000万円）ぽっちの、一応新築のボロ家をただでせしめた貧困層だけの責任ではない。アメリカ国民すべての責任だ。

家を買う資金もない彼らと共犯関係を結んで、無理やり住宅ローンをつけて家を取得させてやった「住宅ローン付きサラ金業者」の営業マン（これでも金融マン扱い）たちがいた。SIV（エス・アイ・ヴイ）やコンデュイット（下水管、汚水処理管）と呼ばれる住宅ローン専門会社の社員たちである。彼らのうち、次の新聞記事にあるとおり、たったの400人だけがSIVとコンデュイットの経営陣として見せしめで刑事訴追されて投獄される動きになっている。

米当局、406人を訴追　全米の住宅ローン詐欺で

全米でサブプライム住宅ローン関連の詐欺事件の捜査を進めてきた米司法省と連邦捜査局（FBI）は6月19日、144の事件で不動産ブローカーら406人が訴追された、と発表した。

発表によると、容疑者らは住宅ローンの借り手の収入を誇張したり資産価値を実際よりも高く見積もるなどの手法で違法な不動産取引などをした疑い。捜査は3月1日から6月18日にかけ全米の50地区以上で行われ、被害総額は10億ドル（約１１００億円）を超えたとしている。司法当局者は「住宅ローンをめぐる詐欺は米経済に対する脅威だ」として、大手金融機関19社などを含む企業や個人を対象に、今後も捜査を続ける方針を示した。

（共同通信　２００８年6月19日）

こんな下っ端の連中に対するトカゲの尻尾《しっぽ》切りで、問題をはぐらかされてはならない。

ＳＩＶ（ストラクチュアード・インベストメント・ヴィークル。直訳すれば「組み立てられた投資用乗り物」という名の住専《じゅうせん》）とコンデュイット（下水管）と通称される「簿外サラ金業者」のほとんどが、実は全米大銀行の隠れ子会社たちだったのである。現在は逃げようもなくなって、親会社の銀行群が、これらのボロクズ化した住宅ローン債権を丸々本社で引き受けて帳簿に載せつつある。だからシティバンクやバンク・オブ・アメリカやウェルズ・ファーゴ銀行の財務状況が悪化し続けているのだ。

そしてそれらの劣化した住宅ローン債権全体の半額が、前述したファニーメイとフレディマックに債権下取り《アンダーテイキング》されていたということである。アメリカ国民の住宅ローンの保有残高総額12兆ドル（1300兆円）のうちの5・2兆ドルが、これら住宅公社の不良債権であることが突然判明したということなのである。これでゆくゆくは、米国債を含めたアメリカ公債がほとんど紙切れとなっていくことがめでたく判明した。

私が主張してきた「ドル覇権の崩壊」と「連鎖する大暴落」は、このようにして今後も数カ月に一度ずつ起きてゆく。だから、私の5年前の著作『「実物経済《タンジブル・エコノミー》」の復活』（現在は祥伝社黄金文庫）を読んでほしい。しっかりと自分の資産を実物（金《きん》や不動産や食糧）に、今のうちに移し換えておかなければならないのである。

●天下の悪法が成立した

私が尊敬するアメリカ下院議員のロン・ポール氏が連邦議会で堂々と質問している（150ページ）とおり、米議会（上院と下院）は米財務省に、どうやら無制限の緊急融資枠を与える法案をこの7月26日に可決した（とりあえず3000億ドル＝30兆円を可決した）。アホのブッシュ大統領は、続いて30日にこれに署名した。

ブッシュは、ヴィートウVETOを行使しないとあらかじめ宣言していた。ヴィートウというのは「王の拒否権」と言って、議会が決議したことに対して王国（執行権）がそれを

アメリカの5大金融機関（銀行・証券）の損失額

金融機関名	2008年4月〜6月期 決算の損失額	2007年からの 累計損失額
ＪＰモルガン・チェース	24億ドル	104億ドル（1兆1200億円）
メリルリンチ	97億ドル	420億ドル（4兆5000億円）
シティグループ	117億ドル	582億ドル（6兆2000億円）
バンク・オブ・アメリカ	52億ドル	199億ドル（2兆2000億円）
ワコビア	116億ドル	209億ドル（2兆3000億円）

合計　**1519億ドル**（16兆2500億円）

各金融機関の決算発表から。損失額については評価損、貸し倒れ引当金を含む。
（端数を切り捨てたため、合計額は必ずしも一致しない）

出典：日本経済新聞、読売新聞ほか2008年7月23日の新聞各紙から

ひっくり返すことのできる権限のことだ。滅多には行使できない。

ブッシュ政権（ホワイトハウス）は政府（ガヴァメント government）ではあるが、これには議会（立法府）も入る。ホワイトハウスは議会を除いた執行部（エグゼキュティヴ executive、行政府）である。日本で言えば内閣（キャビネット）である。

ここに至るアメリカの大金融失策の一番の責任者はブッシュ政権である。しかし、それをすっとぼけて下駄を議会（立法府）の議員たちに預けた。それでブッシュは「議会の議員たちよ。私を助けてくれ」とさえ言わずに、議会の側から自主的に「国難だ。大変だ。国民が一丸となってこの問題に対処しなければならない」と、与党（共和党）に騒がせることにした。ここでたちの悪い札付きの共和党上院議員たちが動いて、26日の法案が可決したのである。

米政府（米財務省）は議会から空手形《からてがた》や白地《しろじ》小切手をもらったに等しい。議会は米国債の無制限の刷り散らかしを行政府（米財務省）に与えてしまうという、あくどい法律を通してしまったのである。これは1933年のナチスドイツによる「授権法《じゆけんほう》」（後述する）の成立に等しい暴挙である。

これでアメリカは節度を失い、なりふり構わず、焦げついた借金返済の先延ばしをす

NYダウ工業平均株価の推移（この1年間）

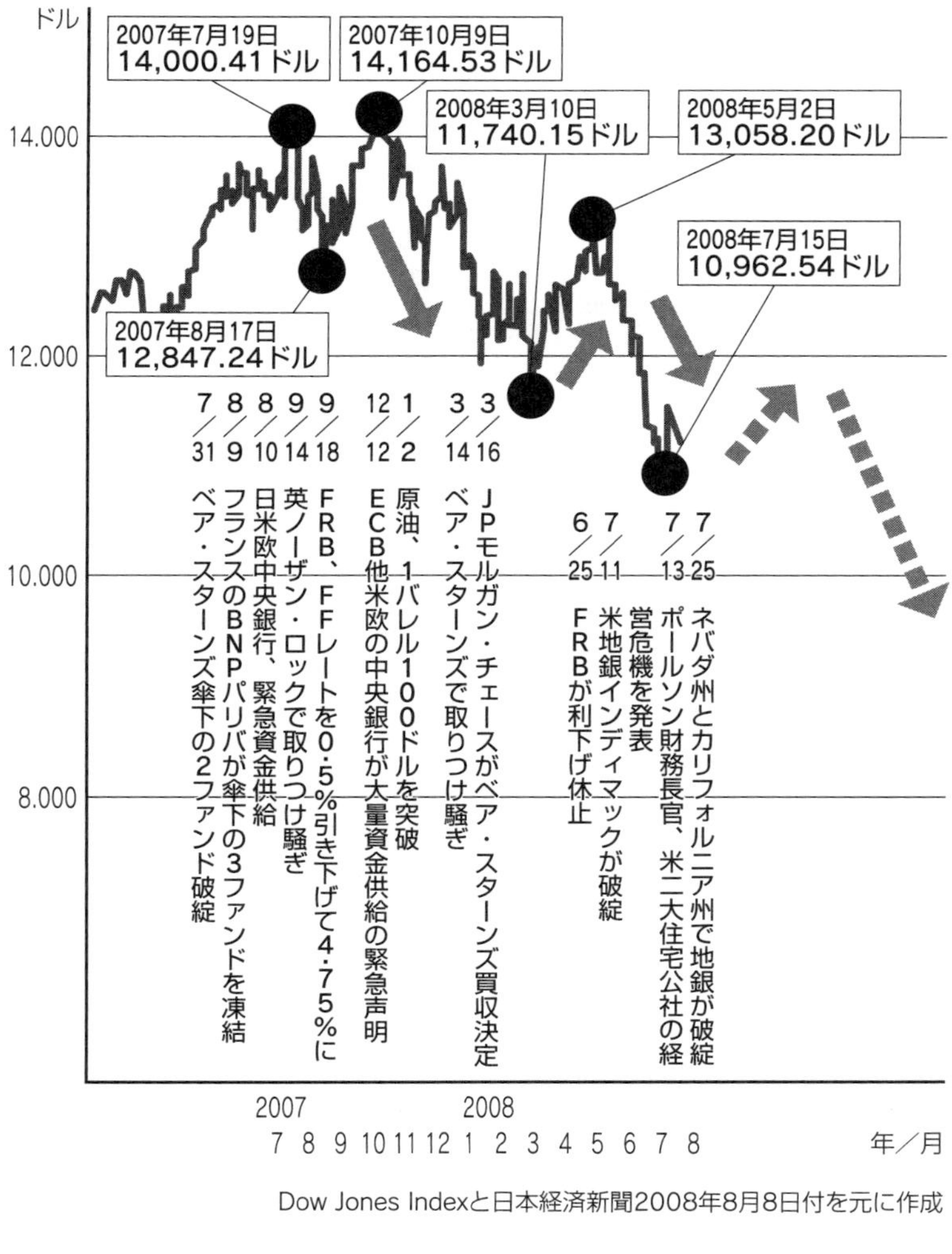

Dow Jones Indexと日本経済新聞2008年8月8日付を元に作成

る。長い目で見れば、諸外国からの借り入れ（米国債、公債の購入）に対しては狡猾《こうかつ》な全額踏み倒しという策に打って出ることに決めたのである。住宅ローンの他にクレジット・カードも自動車ローンも含めて、借金を返す気がなくなっているアメリカ国民が政治家や官僚たちとの共同謀議《コンスピラシー》に加担したのである。「アメリカは（金融崩壊という）国難に立ち向かおう。国民は一致団結しよう」と自分たちに都合のいいことを言い出したのだ。

●ニクソン・ショック以来の「オバマ・ショック」が待っている

そのために8月に入ってから、米ドルがユーロに対してどんどん強くなっている（1ユーロ＝1・47ドルにまでドル高）。ニューヨークの株価も反騰《はんとう》して上げた。金利も上昇せずに安定している。石油（原油）価格も1バレル110ドル台まで下落した（150ドル寸前まで行ったのに）。金《きん》の値段も8月20日には、1オンス820ドル（日本国内では金1グラムがちょうど3000円ぐらい）にまで下落した。この動きがあとしばらく続くだろう（これらの動きについては、第2章72ページと第4章172ページで再度述べる）。

この借金踏み倒し法案の音頭をとったのは、テッド・スティーヴンス（アラスカ州上院議員）とフランク・マーカウスキー（同アラスカ州）とマックス・ボウカス（同モンタナ州）の3人である。彼らはスネに傷も多く、賄賂《わいろ》収受の件で逮捕も近い議員たちである。

彼らはみな共和党員であって、ここでブッシュを救援することで恩を売る気だ。収賄《しゅうわい》の容疑で捕まっても、司法取引（プリー・バーゲニング）をしてもらうことで減刑を狙っているのだろう。だからこれでいよいよ大統領選では、共和党のマケイン候補の勝ち目はない。こんな汚い「３０００億ドル（30兆円）の緊急融資の出動枠を自由に財務省に与える」という法律ができてしまったのだ。

このようにして連邦議会も、総体としての国民の借金踏み倒しに加担した。だから、民主党のバラク・オバマを次の大統領に決めてしまったに等しい。今の、焼けたトタン屋根の上の猫のような金融火傷《やけど》をしているアメリカは、急いでさっさと次の指導者を決めておかないと本当にまずいことになるのである。

オバマは、大統領2年目の２０１０年ごろには米ドルの切り下げ宣言を行なうだろう。もっと早まるかもしれない。それは１９７1年8月15日の「ニクソン・ショック（ドル・ショック）」と同じようなものとなる。

●5年前から私が書いてきた住宅公社の危機

私は、今から5年前に書いた『預金封鎖』（祥伝社）の中で、すでにこの二つの住宅公社が抱える爆弾のことを次のように書いている。ここからアメリカの金融崩れの大きな破れ目が起きると予測（予言）していた。私が予言したとおりになった。

アメリカの個人向け住宅ローンは、きわめて投機的な動きをしている。これは「モーゲイジ・エクイティ・ローン」といって、日本の住宅ローンのように穏和で健全なものではないのだ。

例えば50万ドル（1ドル＝120円換算で価格6000万円）の住宅で、まだ返済が終わっていない16万ドル（2000万円）のローン残高があるとする。そうするとアメリカ人は、差額の34万ドル（4000万円）をさらに銀行からめいっぱい借りて、それでさらに株式や債券の投資を行なうのである。銀行も含み利益がある分はどんどん融資する（これを「ホーム・エクイティ・ローン」と言う）。

ところが住宅価格が暴落すると、反対に目減りした担保価格分の返済請求を銀行から受ける。しかし多くのアメリカ人が、すでに株式投資や401k（確定拠出型年金）での投資に失

> 敗して、大損を抱えている。これに土地・住宅の値下がりがやがて追い打ちをかける。ファニーメイとフレディマックという、日本の住宅金融公庫に相当する米政府の国民向け尻拭い金融機関が、今や巨額の負債を抱え込んでいる。これが爆発すると、間違いなくアメリカ発の世界恐慌である。
>
> （『預金封鎖』60～61ページ、2003年9月祥伝社刊）

このように私ははっきりと5年前に「ファニーメイとフレディマックが爆発すると、間違いなくアメリカ発の世界恐慌である」と書いて警告を発している。私が書いたとおりになったではないか。私は自分の金融予言者としての未来予知能力と才能に、いよいよ自信を持つ。私が近未来を予測してピタリと言い当てたことに異論を差し挟《はさ》む者は、もはやいないだろう。このあとも私は近未来を冷酷に予測してゆく。

19世紀ドイツの大思想家、フリードリヒ・ヘーゲルが言ったごとく、「自由《フライハイト》とは必然性の洞察である」なのである。「人間が自由である」ということは「必然性を洞察すること」なのである。

「必然性の洞察」とは、未来予測をやってピタリと当てる、ということである。「こうなったらこうなって。その次はこうなって。そしてこうなる」と次々に合理的推論（リーズニング reasoning。reason《リーズン》 理性の力を応用してゆくこと）を行なって、己《おのれ》の主観《サブジェクト》や願望《ホウプ》に動かされることなく、冷酷に冷静に近未来に起きることを予測（予言）してゆくことだ。そして確実に当てることである。それが学問（サイエンス science あるいはヴィッセンシャフト Wissenshaft ）の力でもある。これは「人間の精神は自由である」ということでもある。

日本の愚かなエコノミストや証券アナリストのほとんどが、この1年で予測を大きく外してボロボロになっている。「アメリカは強い。アメリカは必ず景気回復する」とずっと豪語してきた。その代表が藤巻健史《ふじまきたけし》氏（『マネーはこう動く』の著者。マネーはそうは動かなかった）や若林栄四《わかばやしえいし》氏である。彼らは1ドル＝200円になると言った。

●三菱が受けた打撃の大きさ

7月13日にポールソン財務長官が記者会見して、この「住宅金融支援法（住宅ローン救済法）」を作るようにと議会に持ちかけたのは、40兆円を抱える中国が「何とかしてくれないと困る」と強力にねじ込んだからだろう。中国が本気になって怒ったら、この40兆円分ぐらいの住宅公社債券《ボンド》など一気に市場で売り払ってしまうだろう。そうしたら債券市場全体が崩壊して、すぐに世界恐慌突入となる。だからポールソン米財務省は中国を何とか宥《なだ》めて「政府が（償還を）保証します」というふりをするしかなかった。

と同時に、もはや返済できなくなった累積の負債総額の一部を白状して、真実を国民に知らせたほうがよいと賢明な判断をしたとも考えられる。

私たち日本人が驚いたのは、三菱ＵＦＪ銀行が、この米二大住宅公社の債券（ファニー・ボンドとフレディ・ボンド）を３兆３千億円も買い込んで保有していた事実が突如明らかになったことである。慌てふためいているのは日本側である。当の三菱ＵＦＪの幹部たち自身が青ざめているだろう。「これまでひた隠しに隠し通してきたのに。今ごろになって、頭ごなしにアメリカからこんなひどいことをされた。信頼を大きく裏切られた」と怒っているのではないか。

ファニーとフレディのゆくゆくの倒産のあおりを受けて、その直接的な影響を受けて潰《つぶ》れる日本の大手金融は、政府系である農林中金だけだろう、と私は最近まで考えていた。ところが、まさか日本の民間銀行の雄（トップ銀行）である三菱ＵＦＪまでがこんなにおかしなことになっていたとは。まさに青天の霹靂《へきれき》である。こうなると三菱ＵＦＪでさえ、もしかしたら破綻するかもしれない。3・3兆円というのは生半可な金額ではない。

●海外投資を積極的に進めたツケ

農林中金が負った傷は深い。

農林中金が5兆円超保有　米政府住宅金融の関連債券

農林中央金庫は7月17日、米政府が緊急支援を表明した政府系住宅金融2社の発行する政府機関債と住宅ローン担保証券を、3月末時点で計約5兆5000億円保有していたことを明らかにした。これまでに判明している国内大手金融機関の保有残高では最大規模。実際に損失が生じる可能性は低いとしている。保有残高の内訳は、政府機関債が約2兆円、住宅ローン担保証券が約3兆5000億円。

（共同通信　2008年7月17日）

農林中金は、全国の農協団体（JA《ジエイエイ》と呼ばれるようになった）が集めた資金を吸い上げて運用する巨大な銀行である。総額で53兆円もの資金を保有して運用している。とくに海外での高収益の資金運用に自信があると近年、偉そうに豪語してきた。それがこのざまである。申し開きができるものならしてみるがいい。幹部たちは全員真っ青で、毎晩夜も眠れない状態であるはずだ。

その責任者が高谷正伸《たかたにまさのぶ》専務理事である。この人が「海外投資で高い運用実績を誇っている農林中金」という虚偽の看板を作ってきた。高谷氏の発言を紹介したロイターの記事を抜粋して引用する。

今の金融市場は絶好の投資機会、積極的に運用へ＝高谷・農林中金専務理事

農林中央金庫は足元の市場環境を「絶好の投資機会」とみて、積極的な有価証券投資を行う。同社の高谷正伸専務理事は4月8日、同社や野村ホールディングスが出資するプライベート・エクイティ・ファンド・リサーチ・アンド・インベストメンツの開業記念セミナーで「ここは絶好の投資機会とみており、相当量の投資をすることを決めたばかりだ」と述べた。

農林中金は積極的な有価証券運用で知られており、２００７年3月期の総資産68兆円のうち、有価証券が52兆円を占めている。「10年前に大きくグローバルな分散投資に舵を切った」（高谷氏）結果、有価証券の５割程度を海外分が占めている。

２００７年９月中間決算ではサブプライム関連商品で３８４億円の償却を実施するなど、サブプライムローン（信用度の低い借り手向け住宅ローン）問題による打撃も受けているが、「日本のような成熟経済では貸し出し需要がそうは増えないとの見通しは変わらない」（同氏）ため、今後も国際分散投資を続ける方針という。

高谷氏によると、同社のポートフォリオは債券が約50％、株式が10％、クレジットが20％、不動産が７％、オルタナティブが２・３％などとなっており、オルタナティブのほぼ半分がプライベート・エクイティ（ＰＥ）で残りがヘッジファンド。

同氏は「グローバル分散投資には、いいものと悪いものが必ず混在していて悪いものを許容することも大事」と指摘。「伝統的アセットについては（運用の悪化を）許容するのに、新しいアセットについては損失が出ると『なぜ』となる。運用者はしっかり防御しないといけない」と述べた。

（ロイター　２００８年４月８日）

この高谷専務理事は、今年の４月の時点でこんな偉そうなことを言っていたのである。「ここは絶好の投資機会とみており、相当量の投資をすることを決めたばかりだ」と言っている。本気でこんなバカな方針を立てて海外投資の傷口をさらに広げたのか。あるいは彼自身が確信犯なのか。その判定がもうすぐつくであろう。

毎日新聞の7月19日付記事（5ページ）にあったとおり、「それでも、米政府の支援が順調に進まないと関連債券の価格が下落する恐れは残り、金融庁も各金融機関に保有残高の報告を求めるなど慎重に状況の推移を見守る」という状態である。すなわち日本側は金融庁を含めてお手上げなのである。

親分であるアメリカ様に自分たちが貸し込んだお金を「どうか返してください」と拝《おが》み倒しに行く元気さえない。これが今の日本の官僚たちの無様な姿である。私が『属国・日本論』（五月書房）で書いてきたとおりだ。

●農林中金の資金運用はどうなっているのか

ＪＡグループ（日本農業協同組合連合会）の資金運用は、次の三層構造でできているようだ。

１・農業者（農民）など組合員が、全国市町村にある各々《おのおの》のＪＡにお金を貯金する。

２・ＪＡは融資を必要とする組合員にはお金を貸し出し、余裕金（余ったお金）を「ＪＡ

信連」に預ける。3・「JA信連」はグループ内の団体（「JA経済連」など）に貸し出しを行ない、さらに余裕金を農林中金に預ける。

農林中金はこれらの余裕金を、JAグループ内や漁業協同組合や森林組合などに融資する。その一方で、有価証券や投資信託などの形で資金を運用している。このJA、JA信連、農林中金の三つをまとめて「JAバンク」と呼んでいる。JAグループ全体での資金量は123兆円である。このうち、農林中金が運用する額が53兆円である。

そしてこのたびめでたく農林中金は、少なく見積もっても5・5兆円の海外投資資金を吹き飛ばしてしまいそうである。本当はその倍くらいあるだろう。53兆円のうちのわずか5兆や10兆円だから農協全体はびくともしない、などというのは嘘である。他にもたくさん不良債権（バッド・ローン）をすでに山ほど抱えているだろう。その実情はフレディマックやファニーメイと同じように、資金状態はスカスカなのではないか。

農林中金の上野博史理事長らは歴代、農水省の事務次官あがりである。農林中金は5・5兆円のうちの、とくに3・5兆円分で「サブプライム・ローン組み込み債券」（住宅ローン担保証券）を買い込んでいた。ファニー債とフレディ債そのものを買っているだけ

（２兆円分）ならまだよかったのだ。ところがＲＭＢＳ《アールエムビーエス》（レジデンシャル・モーゲッジ・バックド・セキュリティーズ）というサブプライム・ローン債権が組み込まれた債券と、さらにそれを組み立て直して作ったＣＤＯ《シーディーオウ》（コラテライズド・デット・オブリゲーション）という債券まで買っていた。

この数字が今回あからさまに表《おもて》に出た。アメリカ側が勝手に発表したのだ。向こうにしてみれば、日本の大銀行や政府系金融法人がどうなろうと知ったことではない、という感じである。借金返済で追いつめられた者たちの心理は、古今東西同じである。

●預金の「全額払い戻し」はあり得ない

二大住宅公社以外に、もうひとつサリーメイ（Sallie Mae）という「米政府系のローン会社」がある。ここは学生向けの授業料ローンや自動車ローンなどを扱っている。日本で言えば国民生活金融公庫や中小企業金融公庫に相当する。サリーメイは同じく政府系であっても、セイビングズ&ローンズ（Ｓ&Ｌ《エスアンドエル》）の一種であると考えられている。

セイビングズ&ローンズ Savings & Loans は庶民向けの金融会社で、レーガン政権の１９８０年代中期に全米でバタバタと潰れて大きな事件となった。その時にＦＤＩＣ《エフディーアイシー》（連邦預金保険公社）は、破綻したS＆Lの預金者たちに対して、回収した資金から預金額のだいたい3分の1しか返済しなかった。「3分の1戻ってくればいいほうだ」と考えるのがアメリカ人の普通の感覚なのである。このことを私たち日本人が分かっていないことが問題なのだ。アメリカではお上《かみ》（政府）が何でもかんでも支払い保証したりはしない。

S＆L銀行が数百行も潰れた時にFDICが採った救済措置の真似をして、1996年に日本は「住専」問題の処理を行なったのだ。日本にも「預金保険機構」や「住宅債権管理回収機構」というような処理団体が特別法で作られた。これらの焦げついた負債を一括して処分・処理する公的機関が、これから起きる金融恐慌の際に、日本でも猛威を振るうことになるだろう。

そのためにアメリカの命令で着々と作らされてきたのが金融庁なのである。これが世界恐慌に突入する直前から金融の統制体制を作って私たち国民に襲いかかってくるだろう。私たちはお金の出し入れの監視だけでなく、身体検査までもされるようになる。だから金融庁の動きに今のうちから歯止めをかける法律を作らなければならないのだ。アメリカのFDICとSEC《エスイーシー》（証券取引委員会）はそのうち合体して、より強力な検査機関となるだろう。その日本版が金融庁である。すでにその準備をアメリカ政府は始めている。

私たちは、「返ってくる預金は3分の1がいいところだ」という今のアメリカで当たり前に信じられている基準を、頭に刻み込んでおくべきである。きっとこの基準が日本でも適用されるようになる。

2章

「金融工学」の罠

●いずれ「ドル安・ユーロ高」の局面になる

現在ドル円の為替は1ドル＝110円である（8月15日）。前述したようにドルが強くなっている。円安傾向である。今年3月14日に100円を割って95円になった。日本人がごく普通にドル預金をしていれば、外貨であるドルを買ってそれがどんどん上昇する（強くなる）のであるから、まずは順当な投資である。1年定期のドル預金であれば年率4％ぐらいの金利がつく。「ドル・ロング」（ドルのトレンド・フォローでの保有。金利の他にスワップ・ポイントというお年玉もつく）をする人が増えるようにと、ドル高円安方向に市場を誘導しているのだろう。

サブプライム危機以降はドルの信用（威信）が全般的に落ちている。それを何とか阻止して、ドルの信用を維持するために「強いドル」を意識的に演出している。だからしぶとくドル高（円安）が続いている。各国でアメリカの通貨当局と協調する者たちが必死になって、為替相場の粉飾（ドレッシング）をしているのだろう。

しかし、それでもどうせドルはふたたび大暴落してゆくのである。私が2年前から予測しているとおり、今年の年末からふたたび100円を割って、来年は90円、80円台となっていくだろう。

円ドル相場の推移

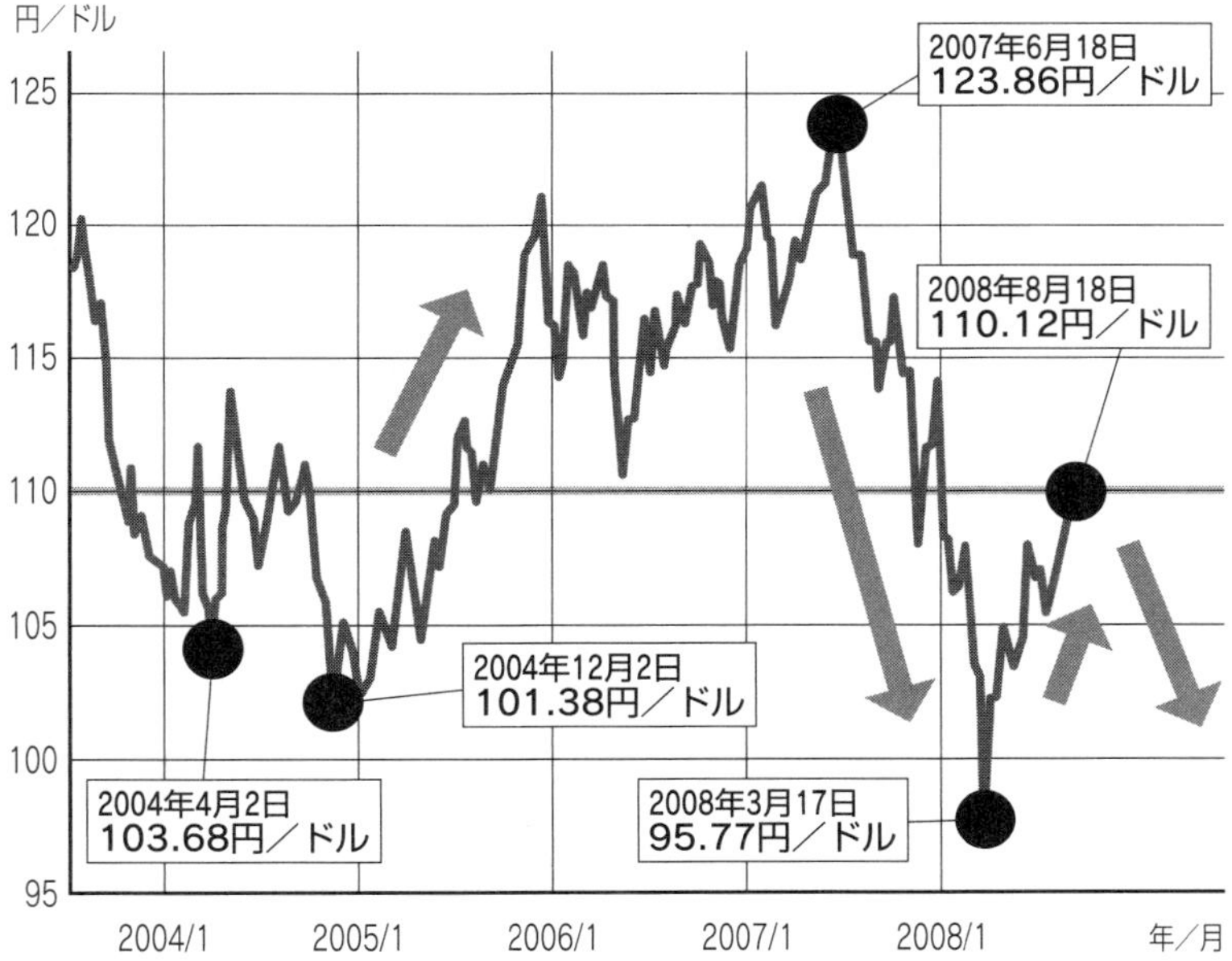

2008年8月に入りドル高（円安）傾向を見せたが、ドルはふたたび暴落する。3月17日の95円を下回り、やがて80円台になってゆくだろう。

出典：日本銀行

ドル大暴落は、主にユーロ（ヨーロッパ統一通貨）との関係で決まる。円＝ユーロの為替レートはついに一時期、１ユーロ＝１７１・09円まで行った（7月22日の高値。8月15日時点では１６２・29円）。ユーロ（ヨーロッパ統一通貨）は長い目で見れば、もっと強くなって１ユーロ＝２５０円ぐらいにまでなるだろう。だから外貨資産ならば、やはりユーロが安い時期に少しずつユーロ建ての金融資産に替えておくべきである。

ただし注意すべきことがある。大恐慌（信用秩序の崩壊）入りに合わせて預金封鎖（緊急の金融統制令）が発動されれば、日本国内での外貨預金は預金保険制度の対象外であるから、いわゆる「１０００万円までの政府の支払保証（ペイオフ）」が適用されない。だから気をつけてほしい。預けてある銀行が破綻したら、その外貨預金は戻ってこない。まさかそんなことはないだろう、と高を括《くく》っている人は好きなようにしてください。だからドルよりもユーロが強い、資金をユーロに替えておけば安全だ、と思い込んでも日本国内の銀行（たとえ外国銀行でも同じ）に預金することは少しも安全ではない。

ドル・ユーロでは、１ユーロ＝１・45ドルあたりで一進一退している。ドルの信用力が回復してユーロ安の逆の動き（アゲインスト）になりつつある。そのように見せかけられている。が、やがてどうせふたたびドル安が起きる。そして１ユーロ＝２・０ドルどころ

ヨーロッパのユーロは
これからも強くなるだろう

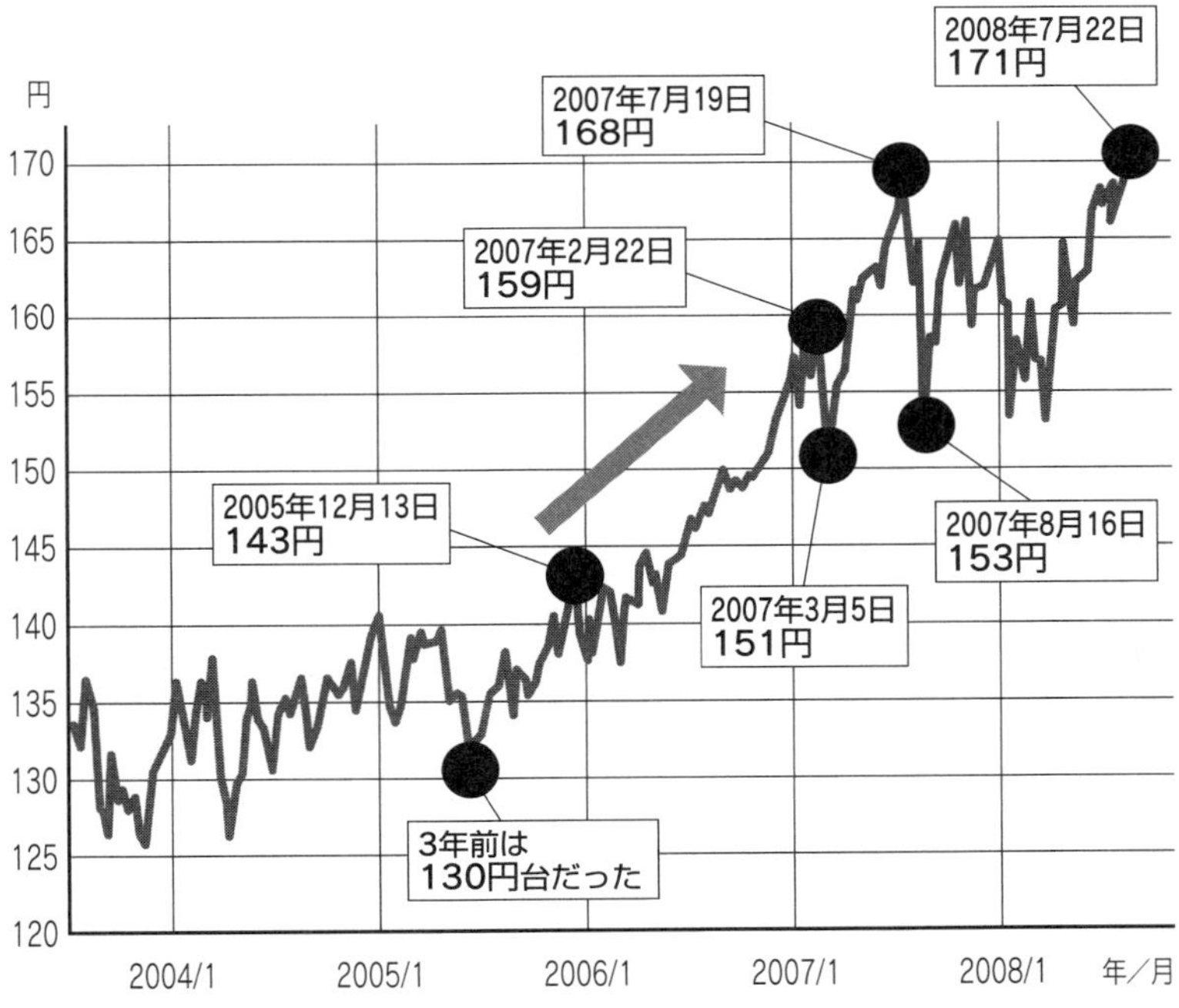

出典：日本銀行、Yahoo! Finance UK

か2・5ドルへとユーロが2倍の値段に高騰してゆくだろう。ドルは大暴落していく。

●英国バブルを裏づけしていたものは何か

前述したが、イギリスは1990年代から景気がずっとよかった。ところが昨年からおかしくなって、15年続いた住宅バブルの崩壊とともに、イギリスのポンド市場は米ドルに続いてもうすぐ大暴落を起こすだろう。

今はまだ、ポンドはなかなか強そうに見える。巧妙にイングランド銀行内に隠されている巨額の金地金《きんじがね》があるからだ。それらの秘密の金塊によって担保されているために、ポンドはなかなか強い。イギリス（ポンド）がEU（ユーロ）に加盟しようとしない理由もこのあたりにあるのだろう。イギリス国内のあちこちに、スイスと同様に現物の金《きん》が退蔵されているようである。

「ワールド・ゴールド・カウンシル」（イギリス・ロスチャイルド家の、金《きん》についての広報機関）は、「これまでに地上に掘り出されて存在する金地金の量は16万トンである」と相も変わらず宣伝している。そんなに少ない量であるはずがない。

1グラム＝3000円で換算すると、16万トンの金《きん》は480兆円である。こんなわずかの資金では、金本位制（ゴールド・スタンダード）への復帰など無理だ。金本位制の復活を唱える一部の人たちにとってさえ、あまりに少額すぎて話にならない。少なくとも今の全世界で信用創造された信用貨幣（クレジット・マネー）の全体量の一割は必要だ。

信用貨幣の総量は１４０兆ドル（1京《けい》４０００兆円）くらいであろう。４８０兆円（金16万トン）は、その３％にしかならない。この信用貨幣に加えて、デリバティブ金融商品（いわゆる仮需《かりじゅ》で取り引きされている資金）の総額であると思われる８００兆ドル（8京《けい》円、８０００兆円の10倍）との関係で考えると、金の４８０兆円はさらに微量である。やはり少なくとも10分の１は必要である。そうすると金、銀、プラチナなどの貴金属が総額で８０００兆円くらいなければ、とても金本位制の復活など絵空言である。時代はここまで金融紙切れが膨張しているのである。

おそらく今の地上に存在する金地金の総量は、16万トンとされる量のさらに3倍の、50万トンくらいはあるだろう。そうすると、それでも時価総額で１５００兆円（15兆ドル）である。この金の値段が、やがて今の2倍、3倍になってもまったくおかしくはない。だから私が繰り返し書いてきたとおり、実物資産の王者である金は、今からもっともっと高騰する。金1グラムは1万円になる。それには5年ぐらいしかかからないだろう。

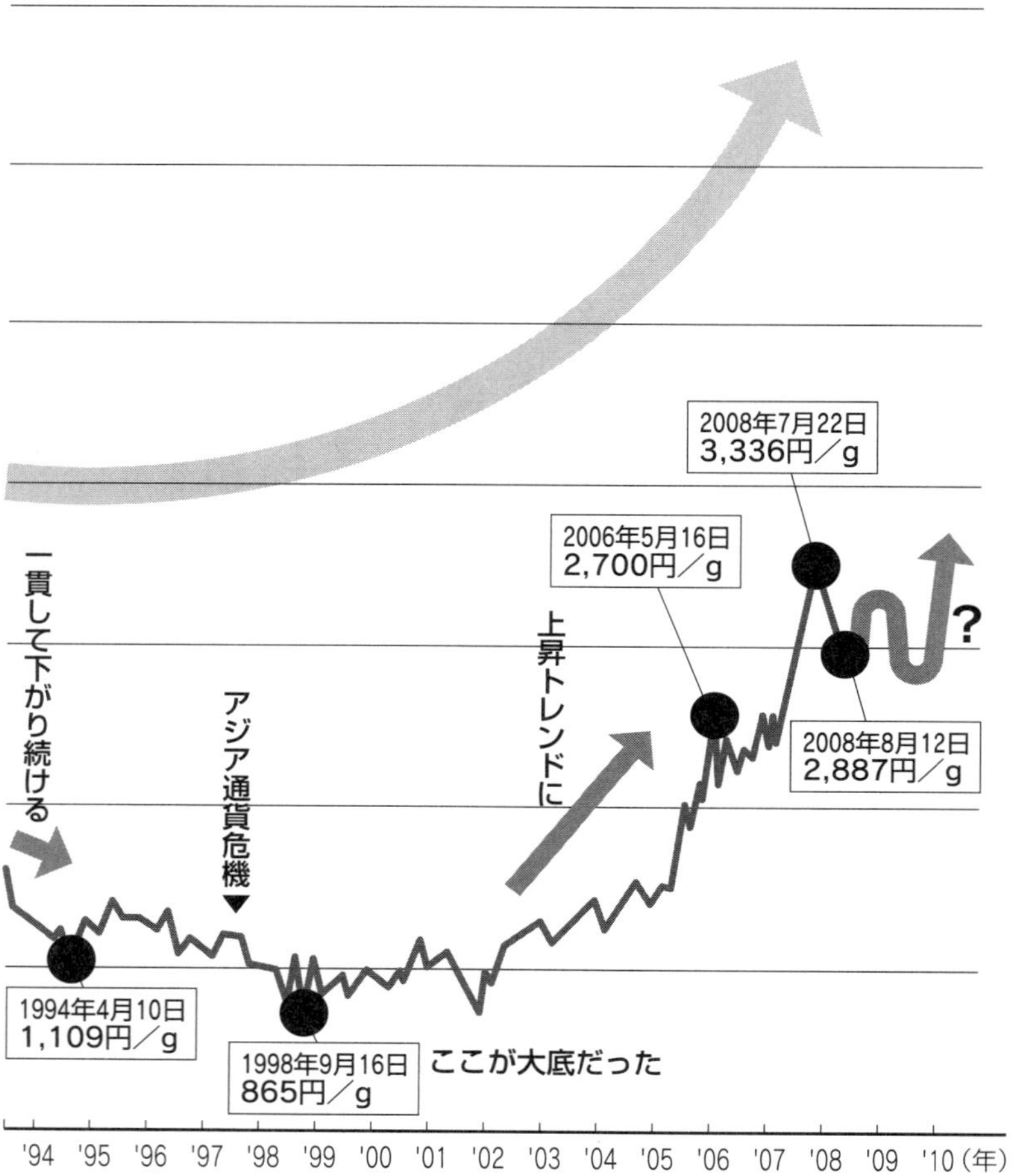

出典：貴金属商小売価格、東京工業品取引所当限価格を参考にして作成

1グラムあたりの金《きん》の国内価格

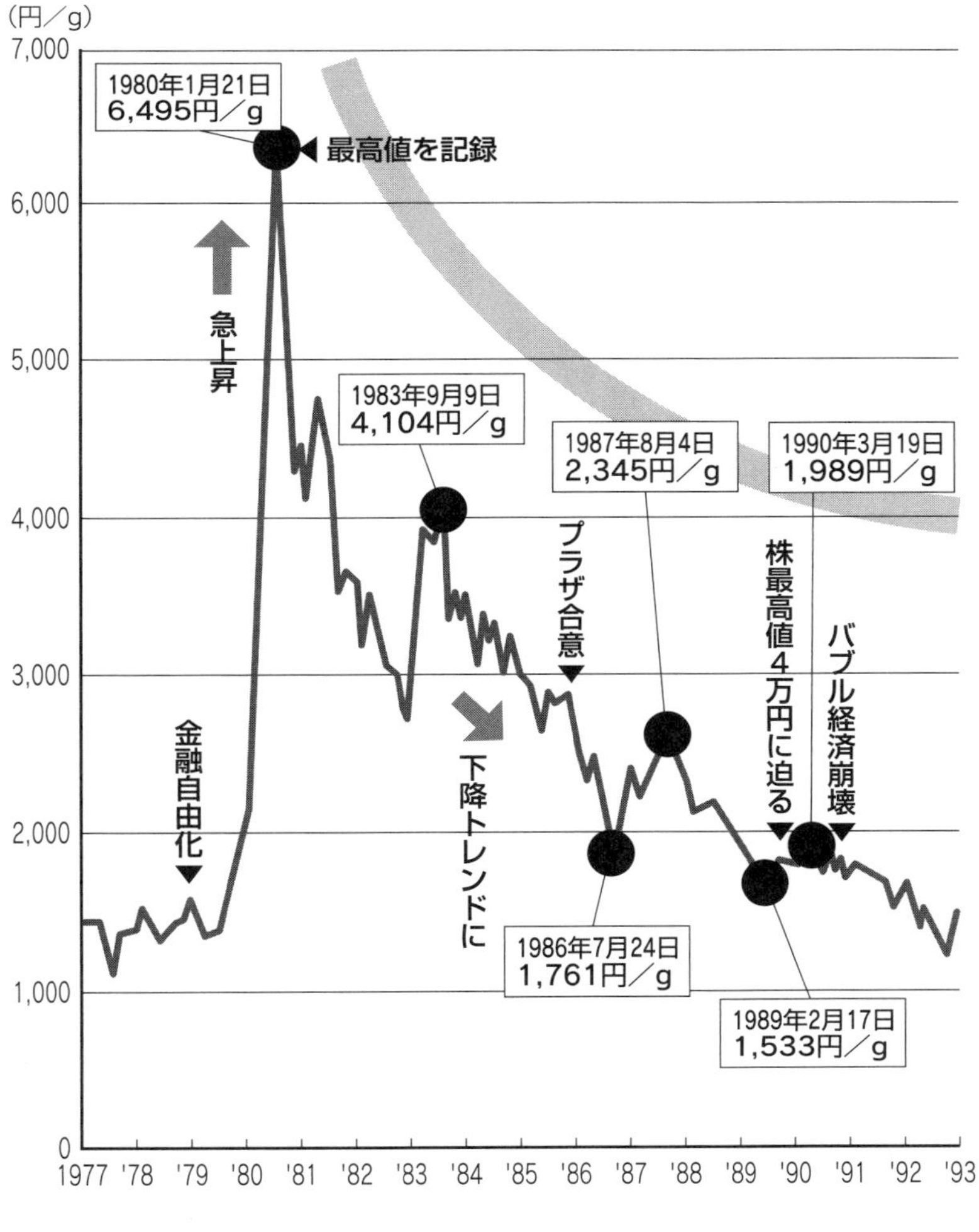

(円／g)
7,000
6,000
5,000
4,000
3,000
2,000
1,000
0
1977 '78 '79 '80 '81 '82 '83 '84 '85 '86 '87 '88 '89 '90 '91 '92 '93
1980年1月21日 6,495円／g
最高値を記録
急上昇
1983年9月9日 4,104円／g
1987年8月4日 2,345円／g
1990年3月19日 1,989円／g
プラザ合意
株最高値4万円に迫る
バブル経済崩壊
金融自由化
下降トレンドに
1986年7月24日 1,761円／g
1989年2月17日 1,533円／g

●デリバティブ商品のバクチ的要素

金融工学という名の途方もない金融博打《ばくち》によって、各種の空想的な金融取引市場が多く作られた。そのことが「狂ったカジノ資本主義」の行く末を暗示している。金融先物市場や商品先物市場が作られて、いろいろな金融市場ができあがった。

シカゴ・マーカンタイル取引所（CME《シーエムイー》）で取り引きされているデリバティブ商品のひとつに、CDS《シーディーエス》というのがある。このCDSは、Credit Default Swap「クレジット・デフォールト・スワップ」という金融商品である。CDSの取引残高は62兆ドル（6700兆円）ある、と公表されている。

CDSは大企業の決算書（貸借対照表）の中の「貸し倒れ引当金《ひきあてきん》」の金額だけを対象にして、これを保険商品にして売り買いするものである。たとえばA社が3億ドル（300億円）の貸し倒れ引当金を積んでいるとする。この会社の取引相手である会社群が倒産することはほとんどあり得ないことだ、と最近まで考えられていた。すなわちA社の取引相手への売掛金《うりかけきん》（取り立て債権）が債務不履行（デフォールト）に陥《おちい》ることはほとんどあり得ない、と考えられていた。

だから、この売掛金に対する引当金の信用リスクを保険商品に仕立てても、その保険料の料率はわずかのものである。おそらくA社の300億円の貸し倒れ引当金を全額支払い保証するとしたら、料率は0・1%すなわち保険料は3000万円ぐらいのものだろう。A社の取引先が倒産する可能性が最近まで低かったからだ。したがってデリバティブ商品としてのCDS《シーディーエス》の保険契約高は300億円だが、実際に動くお金は0・1%の3000万円で済んできたのである。デリバティブ＝派生物には、必ずオリジナル＝元々の物がなければならない。

ところが、昨年8月17日のサブプライム・ローン危機以降は様相が変わってきた。本当に破綻・倒産企業がこれからはどんどん出てきそうなのである。これでシカゴ・マーカンタイル市場でのCDSの保険料率が一気に跳ね上がるという問題が出てくる。かつ、本当にA社に貸し倒れが発生したら、手数料だけを目当てにそのCDS（保険商品である債券）を安値で売り買いしていた市場参加者は、本当に3億ドル（300億円）を払わなければ済まない、ということになってしまう。そのCDSを買って保有する金融会社は、300億円を払わなければいけなくなるのだ。

「濡れ手で粟《あわ》」で、ただで丸々手に入る3万ドル（300万円）とかの保険手数料欲しさに調子に乗って自分たちだけで保険商品の売り買いをやっていたら、いつの間にか本当に取引元本《がんぽん》に相当するお金の支払いが必要になったのである。これが金融先物市場につきまとう本当の恐ろしさである。利回りや利息や手数料だけを狙って姑息《こそく》に立ち回っていたら、ドカーンと大きな失敗をしてしまうということである。

金融バクチには必ず大きな危険が伴うということだ。元々が一攫千金《いっかくせんきん》のギャンブル（博打）なのであるから、いつまでも儲かり続けるということはない。

現在の、巨大に膨張した各種の先物市場や指標《インデックス》取引市場（日本の日経225とか日経300とかFXのクリック365とか）は、必ず大きく崩れる日が来る。それは前述した「元手の100万円で300倍のレバレッジ（梃子）を利《き》かせて3億円の取引ができる」という仕組みで、本質的にはどれもこれも同じものになっている。シティバンクやゴールドマン・サックスがやっている金融取引も、日本の個人が商品先物やFXや株のオプション取引でやっていることも、危険さはまったく同じである。

●なぜ無収入なのに新築の家が手に入ったのか

サブプライム・ローン危機で露呈したものも同じことだ。とても住宅ローンを組めないような人に20万ドル（2000万円）を融資して、小さな家（一応、新築）を買わせたはい

オークションにかけられる住宅

サブプライム・ローンの焦げつきが多いミシガン州のデトロイトでは、差し押さえられた物件が、このように次々とオークション（競売）にかけられている。

写真／共同通信

いが、この住宅ローン販売会社の営業マン（一応、銀行員）は、自分が受け取る30万円とかの手数料収入のことしか考えていない。融資の元金である2000万円がきちんと返済されるのかどうかなど、もはや考えもしなかった。

無収入のくせにただで持ち家が手に入った買い主には、さらにクレジット・カードまで発行されて、クレジット・ライン（与信枠《よしんわく》）5万ドル（500万円）までなら自由に使えるようになっていた。ただしカードの金利は年率22％とかの高利である。この高利のカード利子と住宅ローン（こっちも年率15％とかの高利である）を毎月支払うなど、すぐにできなくなることは目に見えていた。ただひたすらアメリカの土地と住宅は上がり続ける、アメリカ経済は強い、という願望と信仰が狂信にまで高まって、アメリカ人は皆で狂っていたのだ。

そのピークが2005年5月だった。そして2006年の暮れまでは、その「土地・住宅バブルの夢」は何とか続いたのである。だが2007年に入って、見事にバブルははじけ飛んだ。高利のローンで買った20万ドルの家が倍の40万ドル（4000万円）になる、と信じ込み合うことで、住宅ローンつきサラ金会社もカード会社も、その家の担保価値（幻《まぼろし》の4000万円）をあてにして金を貸し続けた。そしてすべては敗れて崩れ去って、残ったのは20万ドルの元本《がんぽん》全額の返済である。

それらを借りた本人は、元々が無収入者（失業者）であるから返済することもできず、自己破産手続きを繰り返すか、サラ金の多重債務者として行方不明になってしまうしかない。そしてすべての負債は「貸し手責任」となって、親会社であるメガバンクのところにまで集まってくる。そうやってシティグループ（シティバンク）は、今や１００兆円から２００兆円（１兆ドル～２兆ドル）の負債を抱え込んでいると言われる。これらの負債を破産処理して（チャプター11《イレブン》の適用）からでないと、ゴールドマン・サックスとしてもシティを救済合併の形で引き受けることはしないだろう。

ここに見えるアメリカの「破滅への道」は、どの場面を切ってみても同じ光景である。金融（業）というのは突き詰めると同じ相貌《そうぼう》をしている。儲かるか損するか、である。利息（利回り）はいくらか、である。誰が得をし、誰が損をかぶるのか、である。

そして、これらの金融業というものを、人類の中で不可避に発達させたのがユダヤ商人たちであるということだ。彼らは「リスクを取れ。リスクを取らない者には利益《プロフィット》も生まれないのだ」と言う。このリスク（投資危険）は博打（ギャンブル）とははっきりと区別されるものだと言う。

実はユダヤ人が資本主義（キャピタリズム）を作ったのである。決してプロテスタンティズムの「勤勉の思想（世俗内禁欲）」が近代資本主義を作ったのではない。このことの重要さに私たちは気づくべきだ。

ドイツ人の大思想家マックス・ウェーバーが『プロテスタンティズムの倫理と資本主義の精神』（大塚久雄《おおつかひさお》訳。1981年、岩波文庫。原書は1905年の論文）を書いた。この大著によって、プロテスタントの思想が近代資本主義を作った、ということに世界中でなってしまった。しかし本当は、どうもそうではなかったようだ。近代資本主義を作ったのは、どうやらユダヤ商人たちだったようである。このことを私は、弟子たちと研究して『金儲けの精神をユダヤ思想に学ぶ』（2005年、祥伝社刊）を書いた。この本を読んでみてください。

●すべての金融商品は「保険」から始まった

ここまで時代が進んできて分かったことは、すべての複雑な金融商品（デリバティブ）は実は保険商品だ、ということである。

保険は、ふつう生命保険と損害保険（船や自動車の事故やビルの火災用に掛ける）に分かれる。自分が死んだ時に遺《のこ》された家族が困らないように、と入るのが生命保険だ。人間の命を不確実な将来（いつ事故や病気で死ぬか分からない）に掛けて、それをお金（5000万円とかの大金の受け取り保険金）に替えるというものである。同じようにして、いつ自分の船が敵国の大砲で沈められるか、海賊にやられるか嵐で沈むか分からない。だから掛け金を掛けて備える、という観点から作られたのが損害保険である。月々の掛け金は少額なのだが、いざ事故が起きたら大金が入る。これが保険というバクチの仕組みである。

この将来の不確実性（uncertainity アンサートニティ）を「リスク計算」してお金に替えたのが保険業（保険商品）というものである。私たちはいつ死ぬか、殺されるか、事故に遭うか分からない。だから、その時のリスク（危険）を計算して、それを「お金に替える」という手口をユダヤ商人たちが編み出した（創意工夫した）のである。

もっと分かりやすく金融先物取引とは何かについて説明しておこう。

あなたが40代のサラリーマン（給与所得者）だとして、生保《せいほ》のおばちゃんに勧められて5000万円の生命保険に入っているとする。今は昔と違って、日本のほとんどの生命保険商品は実質掛け捨てである。配当や利子など1円もつかない。大手の保険会社でも潰れかかっている。

5000万円の保険で月に掛け金（保険料）4万円を払っている。これは年額では48万円、約50万円である。10年間で500万、20年間で1000万円である。これだけの掛け金を払う。めでたくころっと死んだら、奥さんや子供に5000万円が入る。自分の勤めている会社の厚生年金その他から、それなりの見舞金やらも出るだろう。

だから東京で、朝のJR中央線の電車に飛び込む人々がいるのである。なぜなら駅員と、やがて駆けつける警察官に死体を片づけてもらい、死亡の証明がしてもらえるからである。都会から遠く離れた足摺岬《あしずりみさき》や石廊崎《いろうざき》で飛び込んだら、誰にも死亡を証明してもらえない。だから朝の電車に飛び込むのである。年間自殺者が日本は3万3000人に達したそうである。そのうちの半分は高齢者で、病気の苦痛が理由の自殺者であろう。そして残りの何割かが社会的自殺である。

このように、保険は「将来の不確実性」を「リスク計算」してお金に替える商品だ。掛け金という〝元手〟（20年間で1000万円）で、将来の死亡保険金（5000万円）を〝取引〟しているのである。金融先物取引もこれと同じことなのだ。

だからすべての金融商品は、突き詰めれば保険から生まれたのである。そしてそれらが

危険な金融商品は「保険」から生まれた

金融先物取引の牙城、シカゴ・マーカンタイル取引所（CME）。現名誉会長のレオ・メラメッドが1972年5月に、ここで初めて先物（フューチャー）市場を開いた。
先物という金融商品の元々の姿は「将来のリスク」を「お金」に替える「保険」（業）である。メラメッドの著書（左）のタイトルは『エスケイプ・トゥ・ザ・フューチャーズ』となっている。

写真／共同通信

極端にまで進化・発達して、ついには「先物市場《フューチャーマーケット》」や「指標取引《インデックス》」を生んだ。それが現在、最高度にまで高まっているのが、極悪人のレオ・メラメッド率《ひき》いるシカゴ・マーカンタイル取引所（CME）である。

CMEはNYMEX《ナイメックス》（ニューヨーク・マーカンタイル取引所。世界中の原油取引の中心市場）やCOMEX《コメックス》（ニューヨーク商品取引所。ここが金《きん》の取引の中心地）までも合併しようとしている（この8月12日にNYMEXとの合併が発表された）。そしてこのレオ・メラメッドと、彼の先生で同じく極悪人であることが判明したミルトン・フリードマンに、「人間が将来に対して抱く、死や病気や事故や災害や戦争などの不安と恐怖はお金に替えることができるのだ」と教えたのが、シカゴ大学教授のフランク・ナイトである。

フランク・ナイトの『危険・不確実性および利潤』（奥隅栄喜《おくずみえいき》訳　文雅堂書店、１９５９年刊／原書'*Risk, Uncertainty and Profit*' は１９２１年刊）がデリバティブ商品の生みの親である。したがって諸悪の根元もここにある。人間（人類）にとっての将来（近未来）の不確実性を、リスク商品に置き換えることで、そしてそれを売り買いすることで、利益が生まれるという思想が生まれたのだ。

デリバティブ金融商品の元々の姿は保険（業）である。金融（業）の故郷は保険業なのである。決して単純なお金の貸し借り（融資）である銀行業ではない。

ユダヤ思想の本質であろうと私が解明したratio（ラチオ、レイシオ、合理）とreason（リーズン、レゾン、理性）は、強欲、拝金の思想である。だが、このratioには、ただ単に「分け前」や「配分」の意味だけでなく、将来の不確実なことに対する不安定で不安な掛け目（レイシオ）が含まれるのである。だから賭け事（バクチ）の掛け目のことをoddsオッズとかratioと言うのである。

もう一度言おう。現在の危険な金融商品の、元々の本当の姿は保険商品である。そしてアメリカの今の金融業界は、ここからズルい利益だけを引き出してきた。このことがついに判明したのである。

●オーストラリアの動きに注目せよ

1ポンドは210円あたりでなかなか動かない。だが前述したとおり、イギリスはすでに恐慌状態である。アメリカのサブプライム関連商品を、国家の規模に比して大量に買いこんでいる分だけでも大きな痛手を受けている。加えてロンドンの住宅バブルがあまりにも激しかった。ロンドンの地下鉄（チューブという。パリがメトロである）が初乗り4ポンド（850円）というのは、あまりにもひどいインフレ状態である。これが他の国々との通貨の比較において、やがて暴落しないわけがない。それが購買力平価（パーチェス・パワー・パリティ）という考えである。ロンドンの一流ホテルの宿泊代が、安い部屋で1泊250ポンド（5万円）である。それを当然だとする感覚がまともであるはずがない。

だからイギリス最大の民間銀行であるバークレイズ・バンクが、ついに三井住友による緊急支援を受けた（165ページで後述）。新聞記事では1000億円の出資となっているが、本当はその10倍の1兆円を出して、三井住友がバークレイズ銀行の筆頭株主になったはずである。

これからはオーストラリア・ドルとカナダ・ドルが強い。とりわけオーストラリア・ドルがもっともっと強くなるだろう。昨年の3月5日には1オーストラリア・ドル＝89円だった。ところが今年7月22日には104円を記録している。その後100円台を割ったものの、長期的に見れば強くなってゆくだろう。オーストラリアはウランや鉄鉱石その他の非鉄金属が出る資源大国である。政治も安定しており、これから先、日本人の資産家が資金を逃がす（移す）ならばオーストラリアであろう。本気で考えたほうがいいと思う。

オーストラリアでは2007年12月、労働党のケビン・ラッドが首相になった。彼は前のジョン・ハワード首相とはまったく違って、きわめて親《しん》中国的である。自ら中国語を話し、子供たちにも中国語を覚えさせている。ケビン・ラッド豪首相のこれからの手腕は大いに注目に値《あたい》する。

付け加えておこう。親中国的だからといって、オーストラリアの国家戦略は甘くない。メルボルンに総本社を置くＢＨＰ《ビーエイチピー》ビリトンという世界最大の非鉄鉱業会社が、同業者でこれも業界大手のリオ・ティントに対して買収オファーを行なった（２００８年２月６日）。買収額は15兆円（１５００億ドル）である。これによって中国の対外膨張戦略が世界規模で封じ込められつつある。

英豪ＢＨＰビリトン、リオ買収計画の当局審査は年内終了と予想

英・豪系資源大手のＢＨＰビリトンは、リオ・ティント買収提案について、欧州各国当局の審査が２００８年中に終了するとの見通しを示した。

ＢＨＰのアーガス会長は、リオ株主にあてた書簡で「さまざまな当局の手続きが２００８年末までに終了し、その後、株主の方々に提案文書を送付できる状況になると予想している」と表明した。この書簡は、豪証券取引所に提出された。

（ロイター　2008年7月30日）

BHPビリトンとリオ・ティントが合併すると、世界市場における非鉄金属の実に6割を独占、占有してしまうことになる。これは大変な業界変動である。中国はこれまで中東諸国やアフリカ諸国にまで触手を伸ばして、世界各地の石油資源を人海戦術（工場ごとの大量の人間輸出つき）で取ってきた。この中国が逆包囲網に遭って、一気に苦境に陥りつつある。それぐらい、この非鉄（銅やニッケルやアルミの鉱山および精錬業）大手の合併というのは大きな動きなのだ。

それで洞爺《とうや》湖サミット（7月7日から9日まで）における温暖化ガス（二酸化炭素）排出問題で、中国はこれ以上自国の石油争奪戦略が頓挫して国内が電力不足の危機に陥らないようにするために必死であった。

胡錦濤《こきんとう》国家主席も、自国がG8《ジーエイト》の次のG9《ジーナイン》（9番目の参加国）になる交渉などほったらかしで、あくまで新興国（BRICs《ブリックス》。急成長しつつある人口大国）の側に立った。インドやブラジルとともに、欧州（主にイギリス）が主導する温暖化ガス排出規制に関する問題では、「この問題では先進国がすべての責任を負うべきである」という態度を示した。C

O2の排出権取引なんかで騙されないぞ、という感じだった。中国にしてみれば石油が入手できず国内に電力供給できないことが何よりも怖いのである。

●日経平均とNYダウはどう動くか

ここから32ページに挙げた④番目の、株式の動きについて書く。

日経平均は一旦は1万2000円台を割ったが、すぐに戻してなかなか値崩れしようとしない。ニューヨーク・ダウが1万2000ドルを割ったことに同調しているように見える。

日米の株価について大事なことは、今を遡《さかのぼ》る5年前（2003年）の4月（イラク戦争の開始＝米空軍によるバグダッド爆撃の1カ月後のことだ）に、それぞれが最安値の7607円と7600ドルをつけたという事実である。この7600円、7600ドルという安値が、日本とニューヨークのこれからの動きを考える際に目印となるのである。日本株はいくら何でも大暴落しない。

それでも日本の値がさ株（優良株。ブルーチップ）、すなわちトヨタや松下（パナソニック）、ソニーなどの輸出大企業の株はこれからも下落していく。アメリカの投資ファンド

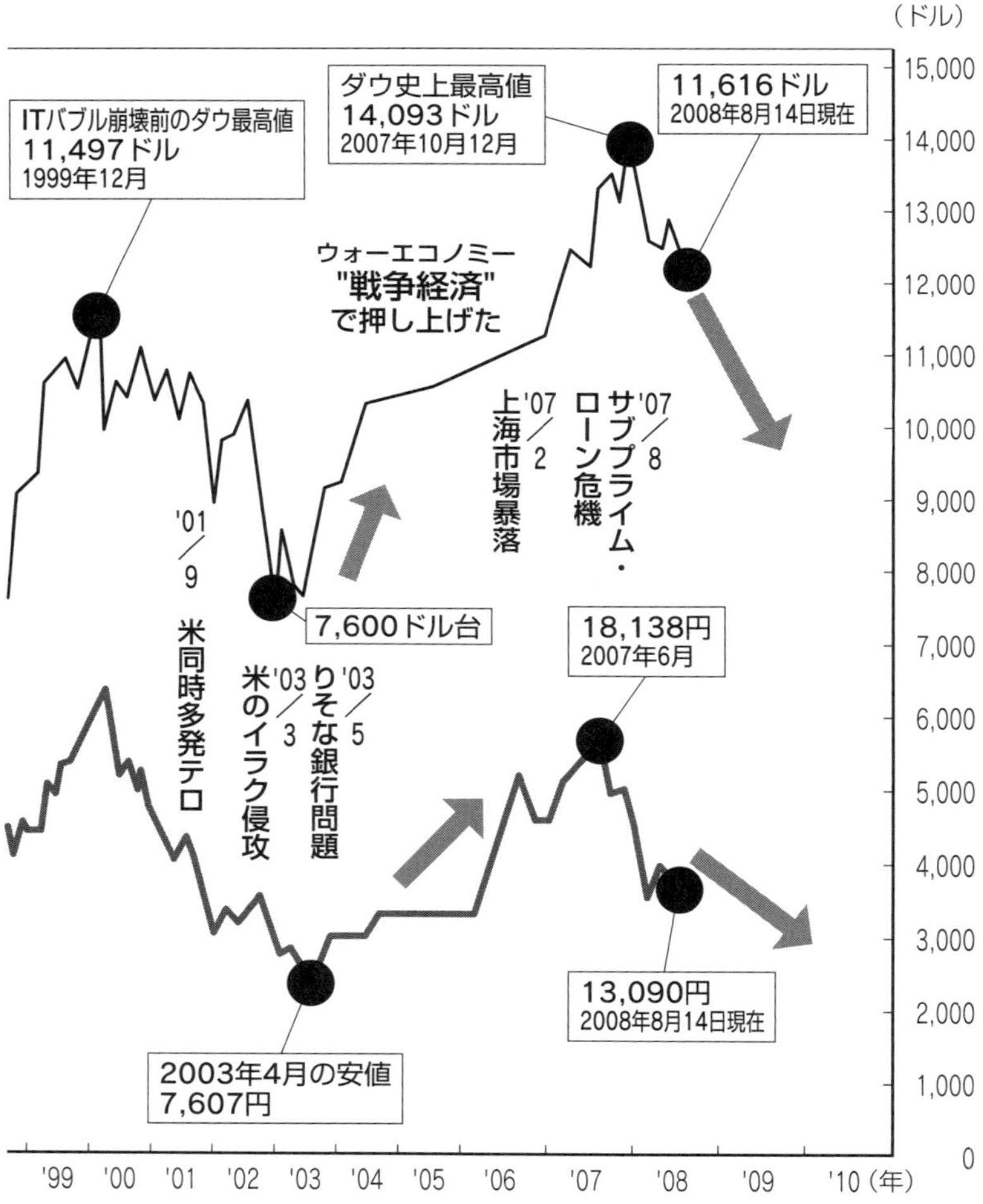

くだろう。

出典：日経平均プロフィル、Dow Jones Indexなどから副島隆彦が作成

日経平均株価とNY《ニューヨーク》ダウ工業平均株価の動き

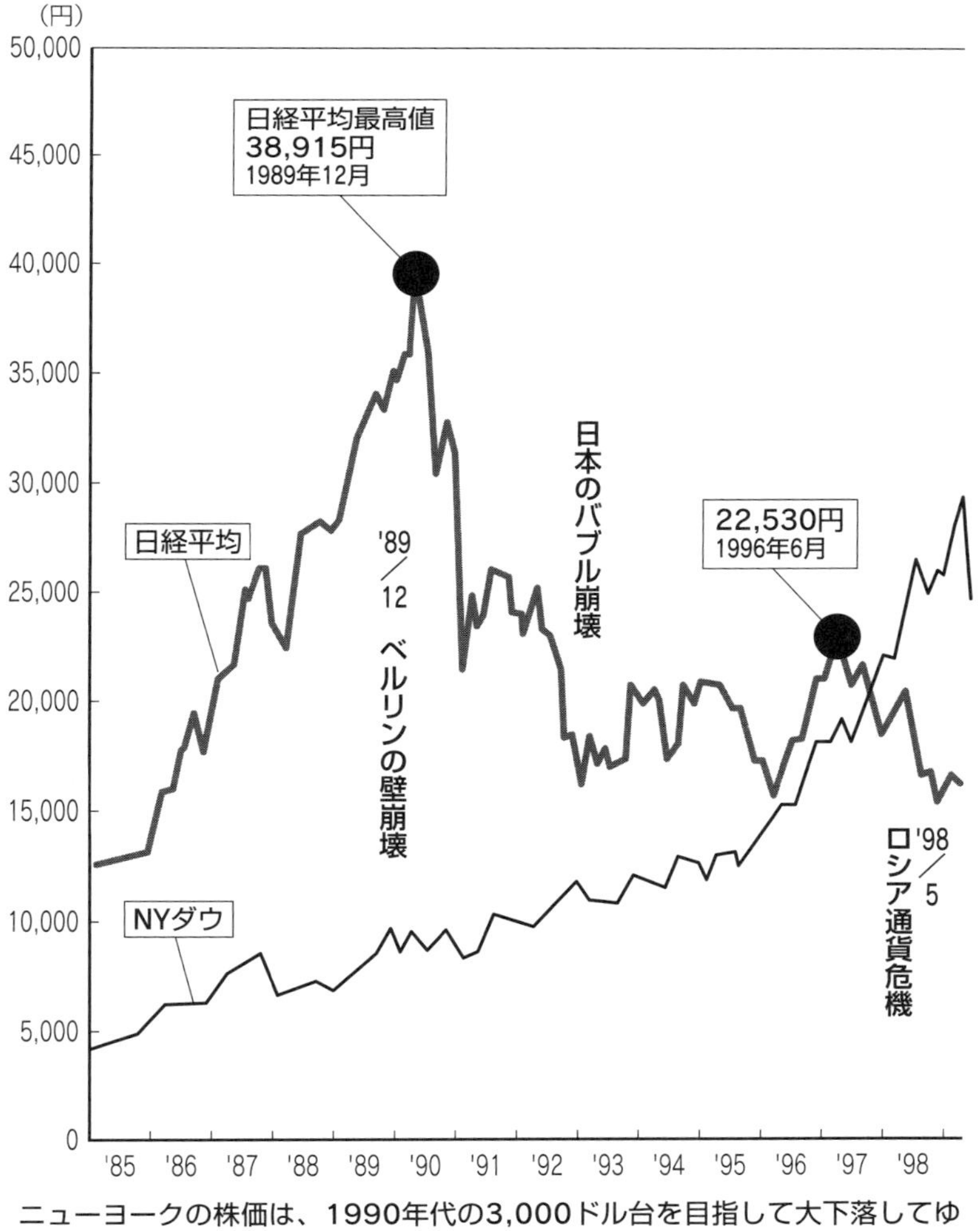

ニューヨークの株価は、1990年代の3,000ドル台を目指して大下落してゆ

等が保有して高値で利益を出している分を売却し、換金（円売り・ドル買い）して本国に持ち帰るからである。アメリカはとにかく資金の回収に動いている。世界中の投資から撤退しつつあるのだ。

それに較べて日本のゼネコンその他の株価はきわめて低い。すでに１００円割れでボロクズ値段になっている銘柄がいくつもある。これらに注目すべきだ。そのうちのいくつかは50円を割っている。いかに額面50円割れという屈辱的な状態にあるといっても、これらゼネコンの老舗は優れた技術を持っている。もはや潰そうにも潰れようがない。まったくの脂身《あぶらみ》なしの、筋肉と骨だけでできているような企業たちである。

これからは、こういう本当の地獄を生き抜いて、苦境に耐えてきた企業群が強い。これまで18年間、バブル後の茨《いばら》の道を歩んできた。それでもなお生き残っているのだから大したものだ。経営陣や社員たちの苦労も並大抵のものではなかったろう。だからこれらの頑丈な企業は、これから襲い来るアメリカ発の大恐慌突入にもめげない。これらの日本企業は世界に誇る優秀な技術力を持っているから、何があっても生き残ってゆくだろう。本書巻末の特別付録の一覧を参照してください。

それから、中国の汚い水と空気を何とかきれいにする技術がどうしても必要だ。だから水関連の環境銘柄が注目に値する。これも巻末で一覧表にした。参照してほしい。それから今後、中国に何百基も原発を作って輸出するであろう東芝、日立、ＩＨＩ（実質的にはこの3社はＧＥ《ゼネラルエレクトリック》の子会社トリオである）にも注目すべきだ。

日本の株価がもう崩れないのに較べて、ニューヨークの株価はやがて大きく崩れるだろう。１万１０００ドル台を維持しているが、やがて1万ドル台になり、１万ドルを割ってゆく。そして2年ぐらいの間に、９０００、８０００、７０００ドル台へと下落するだろう。

アメリカの企業すべての利益のうち、３分の１は金融業が生み出している。残りの３分の1がサービスや流通だ。マイクロソフトやグーグルやオラクルなどの、ネットやコンピュータ通信の大手以外の製造業で、アメリカが大きな利益を生み出せるとは思えない。

●「実物資産」こそ堅実で頑強である

私は株式先物の投機を勧めない。大証（大阪証券取引所。シカゴ・マーカンタイルと連動している）で、株式のインデックス取引の空売り（プットオプションでプットを買う）をするような危険な博打をする人は私の読者になってくれなくていい。私は、自分の目先の利益しか考えない愚かな金融博打に打ち興じるような人々を、読者として尊重する気はない。私の本を買ってくれるのはありがたいが。

私はあくまで手堅く堅実に、⑥番目の実物資産の王者である金《きん》の地金《じがね》を買いなさいと勧める。8月時点で、金地金は1オンス810ドルくらいまで値下がりしている（一時は800ドルを下回った）。1000ドルをつけたのが嘘のようだ。だが、金は来年はやがてふたたび今年3月に記録した1000ドルを超してゆく。そして、2～3年かけて1オンス（31グラム）2500ドルまで上げていくだろう。

76～77ページに掲げた金価格のグラフを参考にしてほしい。日本国内での金価格は、値下がりして1グラムが2900円（小売りの値段ではなくて工業品取引所の価格＝中値《なかね》である）ぐらいになっている。7月には3300円台まで上げていたのだが、8月に入って下げ足を速めている。しかし、それでも金の国際価格が1オンス900ドル台から810ドルにまで下げたのに較べて、国内価格は非常に落ち着いている。それは為替が円安に動いていたためである。1ドル＝109円で計算すると、約2900円になってしまう。1オンス850ドルを31（グラム）で割って、それに109（円）を掛ければいいのである。

これが円高（ドル安）に転じると、1グラム3000円を大きく割り込むことが予想される。そうなったら本当に金の買い場であると私は思う。

ここまで説明してきたとおり、ドル紙幣と米国債が紙切れ化してゆくのだから、それに対して実物資産（タンジブル・アセット tangible assets ）である金や銀やプラチナその他、貴金属の値段が徐々に上がっていかざるを得ないのである。

実物経済のもうひとつの指標《インデックス》である原油（石油）の動きについては208ページで述べる。また⑥番目の土地や商業ビルなど不動産投資についてだが、日本国内でもこれから半値への下落が起こりつつあるので注意を要する。リクルート創業者の江副浩正《えぞえひろまさ》氏が『不動産は値下がりする！』（中公新書ラクレ、２００７年刊）で書いたとおりになりつつある。だがそれでも不動産は確実な実物資産である。だから他の紙切れ（金融資産《ペーパー・マネー》）とは違って国家（政府）が簡単には奪い取れない。

紙幣《ビル》や証券類の券面上の評価をハイパー・インフレなどで実質的に大幅下落させることを、政府はどうせやる。その場合に不動産価格は比較相対的に頑強な抵抗力を示す。不動産は証券類や預金などのペーパー・マネーのような脆弱《ぜいじゃく》な金融資産とは較べものにならないぐらい大丈夫である。そのことは歴史的に証明されている。優良な条件の不動産（土地・建物）はどんな急激な経済変動をも耐え抜いて、孫子《まごこ》の代に引き継いでゆける。だからこれからも不動産を大切にすべきだ。

アメリカ発の大恐慌突入の直前に、預金封鎖が行なわれる。すなわち多くの法律が急速にバタバタと改正されて緊急の金融統制体制に突入する。その時日本の金融庁という奇怪な監督庁が、資産家、経営者たちでなく一般国民にも襲いかかる。資産家や経営者層は本気で自分の資産を防衛しなければいけない。私たちはいよいよ自分の資金・資産を守るために本気にならなければいけない。

自分の大事な資産を、崩れ果ててゆくアメリカ政府や、それと抱きつかれ心中する日本政府などに騙されて奪われてはならない。

3章

「格付け」と「会計基準」の虚妄

●「信用の格付け」とは何なのか

アメリカは債券（ボンド）の信用の格付けで、重大な過ちを意識的に犯してきた。そもそも「信用の格付け」とは何か。

この「格付け」（レイティング）というのは、企業が発行（起債《きさい》）する債券《ボンド》（資金調達のための借用証書）に対してしか行なわない。国債も債券の一種である。国債《ナショナル・ボンド》は「国の発行する債券」であるから債券の一種なのである。だから、それぞれの国が発行する国家債券に格付けすることは、その国そのものの信用度を格付けすることになる。まず私たちは、格付けは債券に対してしか行なわれないのだ、という簡潔な事実を知ることから始めなければならない。

左ページ以下の表にあるとおり、金融の世界には信用の格付け表という考え方がある。皆さんも最近は「AAA《エイエイエイ》」（トリプルA）とか「AA」「B」「C」などという言葉を聞くようになったと思う。これは債券（各ボンド）の信用格付けで、繰り返すが国家が出している借金証書である国債という債券も格付けされる。

レイティング・カンパニーという格付け専門の会社があり、アメリカでは「スタンダード・アンド・プアーズ」と「ムーディーズ」の2社がある。ヨーロッパ系では「フィッ

「格付け」は学校の成績表と同じである

日本の通知表（通信簿）では	アメリカの学校の成績評価では	内容
5	A+（Aプラス）	優等生
4	A （A）	まあ良い
3	A−（Aマイナス）	凡人
2、1	B （B以下）	落第生

Ⅰ 債券（国債を含む）の信用格付け

——証券会社向けの、保有する有価証券類の流動性

日本の通知表では	アメリカの学校の成績評価では	格付け	内容	
5	A+	AAA トリプルA	流動性が高い信用力のある債券（ful-tradable）、証券、投資信託	レベル1
4	A	AA ダブルA	流動性（市場での換金性）がやや不安	レベル2
3	A−	A シングルA	不適格（不確実）債券。価格（時価）つかず	レベル3
2	B	BBB トリプルB	ジャンク債（non-tradable）、ゴミクズ債。値段なし	レベル4
1	C	C B以下	ハイリスク債券。ゴミクズ債以下	

サブプライム危機（2007/8/17）以降、多くがレベル2から3へ転落（移行）した。

チ」が代表的である。日本の格付け会社も二つあることはあるが、それほど信用されていない。

「信用の格付け」は、本当は、この世の中のすべてのものや制度に対して行なわれてもいい。かつ格付けは、民間団体が自主的に行なわなければならない。政府（官僚）が行なってはならない。実は日本で唯一、自主的に行なわれてきた格付けがある。それは大手大学予備校が行なっている、例の「大学（別）の偏差値」である。

債券（ボンド）の格付けの他に、融資先の信用度に対する格付けというものがある。銀行が貸し付け、融資をしている相手の信用度、すなわち貸し付けたお金を確実に返してもらえるかどうかの信用度を格付けするのである。10年前の1998年から、日本で騒がれて使われるようになった「破綻先《はたんさき》」とか「破綻懸念先債権《はたんけねんさきさいけん》」という言葉がある。これが融資先への信用度を表わしているものだ。

さらには銀行そのものへの信用度も格付けされる。「バーゼル・クラブ」という言葉がある。スイスのバーゼルにある国際決済銀行（BIS《ビーアイエス》。バンク・フォー・インターナショナル・セトゥルメント）という国際機関（第一次大戦のドイツからの賠償金で作られた）のことである。この銀行が定める仕組みが「BIS基準」である。これは自己資本比率によって

Ⅱ BIS（国際決済銀行 Bank for International Settlements）基準での銀行の信用度

日本の通知表では	アメリカの学校の成績評価では	自己資本比率	内容
5	A+	8%以上	国際金融業務ができる、信用力が高い銀行
4	A	4%	健全な銀行
3	A−	2%台	信用力が落ちる銀行。自己資本への資金注入をしなければ危険で破綻する
2	B	1%	債務超過（または失損会社）の銀行

Ⅲ SECによる銀行区分

――貸付（融資）先別・債権の安全度、信用度

日本の通知表では	アメリカの学校の成績評価では	格付け		内容	
5	A+	good loan グッド・ローン	レベル 1	健全な貸付先	信用度の高い債権
4	A	semi good loan セミ・グッド・ローン	レベル 2	ほぼ健全	やや不安だが、まだ大丈夫
3	A−	semi bad loan セミ・バッド・ローン	レベル 3	破綻懸念先	不良債権。レベル4に転落しそう
2	B	bad loan バッド・ローン	レベル 4	破綻先	もう、ほぼ完全に返ってこない

銀行の信用度を格付けする。日本の銀行は、このBIS基準によって、1990年から厳しく規制を受けるようになった。それで日本のバブルが弾け始めたと言われている。

「自己資本比率」とは、その銀行の総資産（その主なものは融資残高の総計）に対して、貸借対照表上《バランスシート》の自己資本（資本の部）が8％だとか12％だとかで表わす。日本の中堅の地方銀行であれば、だいたい総資産2500億円に対して、自己資本（確実に手元にある資金）は250億円ぐらいだ。だから自己資本（比）率＝BIS基準は10％である、ということになる。

●アメリカは身勝手にもルールを変えた

ここで今年4月に出た日本経済新聞の記事を引用する。この記事は非常に重要である。

> **SECからの手紙**
>
> 米国の全上場企業の最高財務責任者（CFO《シーエフオウ》）たちに米証券取引委員会（SEC《エスイーシー》）から手紙が届いた。信用力の低い個人向け住宅融資（サブプライムローン）問題が深刻になるなか、盛られていたのは実質的な時価評価の後退（傍点、引用者）だった。手紙が取り上げているのは

米財務会計基準審議会（FASB《エフエイエスビー》）が二〇〇七年十一月に導入した新会計基準「FAS《エフエイエス》157」である。企業がこれに基づくSEC提出書類（フォーム10-K）を作る際の考え方を示している。

「FAS157」は有価証券を性質に応じて三つに分類。

流動性が高く時価が測れるレベル1、

参照できる指標があるレベル2、

取引が薄く時価がないレベル3、だ。

手紙は「広範な有価証券をレベル3に分類できる」としている。本来レベル2に入るものでも今は市場がゆがんでいる（傍点、引用者。本当は格付けレベル3に転落しているのに元のレベル2だと評価してよい、とするアメリカの八百長《やおちょう》の始まり）との解釈だ。そのうえでレベル3について、どういう方法で評価したかのモデルを開示するように求めている。

例えばサブプライムローンを組み込んだ証券化商品など「レベル2」の参照価格は、トリプルA格でもとの価格の五〇%程度。それを「レベル3」と見なし、開示モデルによる評価を公正価格（フェアバリュー）として構わない（傍点、引用者）というわけだ。開示モデルさえしっかりしていれば（引用者註。その保有する債券の価格を取得時価格の）七〇％と評価することも可能になる。

これによって金融機関のサブプライム関連損失の抑制効果が見込める。レベル2には債務担保証券（CDO《シーディーオウ》）やLBO《エルビーオウ》（引用者註。借り入れで資金量を増やした買収のための）融資などかなりの資産が入る。一部の会計士は（引用者註。サブプライム危機以降、大下落した債券の信用度を、公正に評価、判定する際に）レベル2を市場の参照価格を使って厳格評価する姿勢だった。その場合、債務超過に陥る金融機関が出て、連鎖破綻が起きかねなかった。SECは（引用者註。このまじめな）会計士（たち）へのけん制も狙ったもようだ。

（日本経済新聞　2008年4月17日）

この4月17日付日経新聞の小さな記事はものすごく重要である。アメリカは政府主導でものすごくズルいことを始めたのだ。アメリカは官民一体となって、会計基準をねじ曲げて、押し潰して、「時価会計の放棄」を始めたのだ。それがこの記事の中の「実質的な時価評価の後退」である。

これまで18年間、あれほど「時価会計の導入」に躍起になっていたのに。日本の銀行をこの「時価会計の新基準」でいじめ抜き、苦しめ、日本の大企業までを次々と計画的に破綻（債務超過と無理やり認定）させて、ハゲタカ外資に差し出し乗っ取らせた。それなのにサブプライム危機が勃発後は、自分たちアメリカ国家自身が困るようになって、この基準を恥知らずにもかなぐり捨てて自分たちを救い出すことに決めた。この記事の中で使われている「レベル2」とか「レベル3」という格付けは、103ページの表にあるとおりだ。SECの「FAS《エフエイエス》157」ではレベル1からレベル3までとしているが、この他に流動性《リクイディティ》が完全消滅、完全に償還不能になった債券を「レベル4」と呼ぶはずである。流動性の消滅とは「もはや誰も買ってくれないので価格がつかない」ということである。本当はアメリカの債券の信用度は「レベル3」どころか「レベル4」（トリプルB）に転落しているのだ。

●融資先の信用度と銀行自体の信用度

この証券への信用度の格付けと同様に、銀行が抱える個々の融資先を、次のように「グッド・ローン」「バッド・ローン」と格付け表現する。105ページの表のとおりだ。

1　グッド・ローン（健全債権）
2　セミ・グッド・ローン（準健全債権）
3　セミ・バッド・ローン（破綻懸念先債権）
4　バッド・ローン（破綻先債権）

信用格付けの「レベル1」「レベル2」「レベル3」「レベル4」という考え方を再度、説明しておこう。

「レベル1」が健全債権、健全な貸付先にあたる。「グッド・ローン」で「優良貸付先」と言い換えられる。銀行は毎月、安全確実に元金と金利をちゃんと払ってもらえている。個人の場合でも、住宅ローンを毎月きちんと何の問題もなく払ってくれる人が「レベル1」である。通信簿の5だ。

それに対して「レベル2」は「セミ・グッド・ローン」と呼ばれる。ほぼ健全な貸付先である。経営にやや不安はあるけれども、毎月滞《とどこお》りなく返済金を払ってくれている貸付先を指す。通信簿の4だ。

ところが「レベル3」となると、日本で言う「破綻懸念先」に落ちたことになる。アメリカでは「セミ・バッド・ローン」だ。不良債権化しつつあって、もう危ない。銀行としてもひやひやものであるから、貸付金を早めに回収したい。ここで「貸し渋り」「貸し剝がし」とか「クレジット・クランチ」という問題が起こっている。通信簿の３だ。「レベル４」となれば、もう完全に破綻している。「バッド・ローン」である。すなわち債務超過状態である。これがもっとひどくなると「欠損会社」と呼ぶ。もはや会社の実体がなく、資産より借金のほうがずっと多いので、潰すしかない会社のことである。

ちなみに、銀行そのものの信用度を表わす格付けであるＢＩＳ基準では、自己資本部分をTier１（ティア・ワン、基本項目。資本金や準備金など）、Tier《ティア・ツー》２（補完項目。有価証券の含み益や貸倒引当金など）、Tier《ティア・スリー》３（準補完項目。短期劣後債など）の３項目に分類している。この３項目を合算したものを総資産で割って、それが８％以上であれば国際業務ができる銀行と見なされる。４％以上なら国内業務を行なうのに十分で、健全な銀行である。しかし４％を下回って３％、２％となると、もう〝危険な銀行〟なのである。

103ページと105ページの表のとおり、各々の格付けに日本の通信簿とアメリカの成績表に比定した数字を載せた。このスケール（基準表）に従って物事を考えれば、今アメリカやヨーロッパで起きている金融危機がどれくらいひどいものかが分かるだろう。

●日本の通信簿で「3」に相当する格付けとは

これらⅠ・「債券《ボンド》の信用格付け」と、Ⅱ・「ＢＩＳ基準《ビーアイエス》」とⅢ・「銀行の融資先信用度（銀行区分）」は、実は大きくは同じことなのだということを理解してほしい。このことを誰も分かりやすく説明しないから、日本人はアホのまま世界基準の知識から取り残されるのだ。そのくせ自分は金融や投資のプロだとか自惚《うぬぼ》れている者が多い。

たとえばⅠの表の「ＡＡＡ」（トリプルＡ）とは何か。

アメリカの小学校、中学校、高校や大学で生徒の成績を認定する時に、これを使う。最優秀は「⁺Ａ」（エイプラス）と言う。その次が「Ａ《エイ》」で、その次が「⁻Ａ」（エイマイナス）。あとは「Ｂ」「Ｃ」……「Ｆ」（フェイリア）となっていく。これを日本に置き換えると、私たちが小学校時代から教師に与えられてもらってくる学期末ごとの成績表、いわゆる通信簿（通知表）に相当する。通信簿の「5」に相当するのがアメリカの「⁺Ａ」で、「4」に相当するのが「Ａ」。「3」に相当するのが「⁻Ａ」となるのである。

私たちがもらった通信簿で「2」とか「1」を取るような人は、日本国内でも誰からも相手にされない、できの悪い子どもということになっている。「3」までがギリギリ「まとも」なのである。アメリカの成績認定ではこれが「Ｂ」となる。皆さんも小学校、中学校までは「4」とか「5」をもらっていただろうが、入った高校が進学校で、入学した途端に「3」になったはずである。知らないとは言わせない。もしかしたら「2」になりそうな恐怖感を覚えたはずだ。

だから成績が「3」（$^{-}$A《エイマイナス》）なら凡人で、「2」になるともう危ない。昔だったら「赤点」といって、進級が危ぶまれた成績である。

このことがまさしく信用格付けの問題なのだ。通信簿の「5」が「$^{+}$A」に相当するのであり、格付け表では「AAA《トリプルエイ》」である。格付け表の「AA《ダブルエイ》」は通信簿の「4」で、アメリカの成績評価では「A」に該当する。

ところが格付け表で「A」（シングルA）になると、学校時代の成績評価では「$^{-}$A」（エイマイナス）であり、日本の通信簿では「3」である。だから信用度としてはこれが限度で、もう危ないということになる。ここから先は、債券でいえばジャンク債、ゴミクズ債と呼ばれる。すなわち通信簿で「3」しか取れないような貸付先はもう危ないと見なされる。これを「破綻懸念先」（レベル3）と言うのだ。この事実を私たち日本人は知らなければならない。格付けの「B」や「C」は問題外で、もう話にならないのだ。「B」や「C」でも立派な評価（成績）だ、などと思い違いをしてはいけない。

「A」（シングルA）＝「-A」（エイマイナス）＝「3」＝「レベル3」までで、もうギリギリなのだ。

だからそれを割って「破綻先」（レベル4）と呼ばれるビリケツの評価は、銀行にとっての貸付先企業がもはや倒産寸前、あるいは破綻している。これはもう債務超過状態であり、これが格付け表の「B」以下である。日本の通信簿でいえば「2」とか「1」にあたる。このことを私たちが理解しなければいけない。「レベル3」とか「シングルA」とかの「通信簿3」は、もう危険信号なのである。それをアメリカは官民グルになって無理やり「レベル2」「ダブルA」「日本の通信簿の4」にもっていこうとしているのだ。

●子会社に「サラ金」を抱える

昨年8月17日の「サブプライム崩れ」で、すべての馬脚が現われた。それまで全米の大手の金融機関は、「住宅ローンつきサラ金会社」を自分の傘下の子会社でありながら、連結決算にしていなかった。これがいわゆる「簿外《ぼがい》の住専《じゅうせん》」であるSIV《エスアイヴィ》（ストラクチャード・インベストメント・ヴィークル）やコンデュイット（conduit、導管）である。

SIVやコンデュイットが発行して運用していたRMBS《アールエムビーエス》（住宅ローン担保証券）や、

それをさらに他の金融商品と組み合わせて加工しなおして組成《そせい》したＣＤＯ《シーディーオウ》（債務担保証券）と呼ばれる金融証券化商品を、親会社のメガバンクやファニーメイなどが大量に抱え込んできた。これらのすべてが大きくはデリバティブ（金融派生商品）である。

こうした「仕組み債」には、当然サブプライム・ローンのような劣悪な、返済信用度のきわめて低い、いわば腐った住宅ローン債権が今も多く含まれている。すなわち債券格付けでトリプルＢ（ＢＢＢ）、日本の通信簿で言えば「２」である。これらに対して今年の３月下旬から、格付け機関（レイティング・カンパニー）が大幅に格下げを実行するようになった。後述するが、格付け会社も強い社会的な非難を受けているので、これまでのような八百長の格付けはできなくなっている。自分たち自身の首が危なくなっている。最近では、これら格付け会社の首脳たちが経済犯罪で立件（摘発）されるとまで言われるようになった。もはや大恐慌突入どころの話ではない。今ごろになって、ようやく金融機関の格付けが全面的に引き下げられた。それで大銀行や証券会社は貸し倒れ引当金をどんどん積み増さなければならなくなった。それだけでもメガバンク１行あたり30億ドル（３０００億円）とかである。127ページの記事を読んでください。

それでもなお間に合わず、自己資本比率の低下と信用の毀損が生じている。株価も下落して、いくら増資して資本金を注入しても資本不足に陥る。かつて日本でも起きた「貸し渋り」や「貸し剝《は》がし」が頻発しており、全米の金融機関が信用収縮（クレジット・クランチ）を起こしている状態だ。このためにさらに全米で信用危機（銀行を信じなくなること）と流動性危機（債券やお札の流通力を信じなくなること）が加速している。

●かつて日本が行なった債権の分類

アメリカは先の日経新聞の記事にあるとおり、官民あげて時価会計をしなくていいように動き出した。もはや恥も外聞もない。まったくもって恥ずべきことをする者たちである。あれほど日本に時価会計を強制して実施させてきたくせに。

アメリカ政府とSEC（証券取引委員会）が音頭を取って、金融・会計当局そのものが加担して、アメリカの金融法人も事業法人も実質的には時価会計基準を自社の会計に適用しなくてもよいことにした。それで企業が引当金を積み増さなくても済むようにした。このために、強く予想されていた金融危機が4月からあと表面化しなくなったのである。それでも7月13日に「ファニーメイ・フレディマック危機」が起きた。

「市場経済の絶対優位性」をあれほど唱導し誇ってきたアメリカが、やってはならないこ

ホーム・エクイティ・ローン (home equity loan) 融資が多い米銀の格付け

	銀行(金融機関)名	融資残高	すべての貸付金に占めるHELの比率	格付け(長期)
1	カントリーワイド	341億ドル	30.89%	※バンク・オブ・アメリカに吸収合併
2	ワシントン・ミューチュアル	635億ドル	25.98%	BBB
3	ファースト・ホライズン・ナショナル	67億ドル	25.95%	BBB+
4	ナショナル・シティ	263億ドル	21.88%	A
5	ウェルズ・ファーゴ	849億ドル	20.71%	AA
6	ハンチントン・バンクシャー	72億ドル	17.83%	A−
7	サントラスト・バンクス	222億ドル	16.96%	A+
8	PNCファイナンシャル	113億ドル	15.67%	A+
9	JPモルガン・チェース	849億ドル	15.27%	AA−
10	フィフス・サード・バンコープ	114億ドル	13.45%	A+
11	リージョンズ・ファイナンシャル	128億ドル	13.35%	A+
12	バンク・オブ・アメリカ	1172億ドル	12.90%	A+
13	キーコープ	91億ドル	12.03%	A
14	ソブリン・バンコープ	62億ドル	10.83%	BBB−

格付け会社フィッチの発表資料に基づく。格付けは2008年7月末現在。

ホーム・エクイティ・ローン(HEL)とは、住宅の市場価値からローンの残債などを引いた正味価値を担保にして受ける融資のことである。

とをやったのだ。この政策を政府当局が金融機関に対して黙認するだけでなく、むしろそれを唆《そそのか》して勧めるようなことをした。これはまさに挙国一致体制（182ページで後述するネオ・コーポラティズム）が発動されたことに他ならない。

それまでは、それぞれの銀行の融資先ごとに、その貸し倒れリスクごとに細かく格付けが行なわれていた。銀行は相手企業のリスクの大きさの度合いによって、融資先が破綻した時のために算定された引当金《アローワンス》を積んでおく義務がある。

前述したとおり、日本で1998年以降の銀行危機の際に、融資先の債権ごとに信用度の分類が行なわれた。融資先の債権を、信用度に応じて「第一分類」を「正常先債権」（グッド・ローン）とし、「第二分類」以下を「要注意先」（セミ・グッド・ローン）、「破綻懸念先」（セミ・バッド・ローン）、そして「実質破綻先」、および「（すでに）破綻先」（バッド・ローン）と各貸付債権ごとに5段階に分けて格付けした。

そして第二分類である「要注意先債権」（セミ・グッド・ローン）を「要管理先」と「要管理先以外」とに分けた。「正常先」と「要注意先」の間に当たる「要管理先以外」は正常債権に入れ、それ以下の「要管理先」と、第三分類の「破綻懸念先」以下を「不良債権（バッド・ローン）」と定義した。そして金融庁の監督下で厳格に管理したのである。

日本にこの制度が導入される以前は、銀行自身の基準による自己査定で格付けがなされていた。だから、甘い査定が行なわれているとの見方がくすぶり続けていた。そこを外資系金融機関に狙われたのだ。

「日本には不良債権が100兆円ある」と、ゴールドマン・サックス証券在日支店（日本本社）のチーフエコノミストのデイヴィッド・アトキンソン氏がさかんに唱導した。このようにして日本の大銀行の融資負債がことさらに強調されて、金融危機を煽《あお》りに煽った。そして外資のヘッジファンドやハゲタカファンドが獲物に襲いかかってきて、日本企業の株価を一斉に計画的に売り崩すことを繰り返した。このために、1998年10月から北海道拓殖銀行、山一證券、日本長期信用銀行、日本債券信用銀行（日債銀）が次々と破綻させられていったのである。

●強引に押しつけられた会計基準

2001年からの小泉純一郎《こいずみじゅんいちろう》政権では、さらに激しい金融調査が繰り返された。〝上からのクーデター〟あるいは〝小泉・竹中の宮廷革命〟とも呼ぶべき計画的な金融恐慌が日本で引き起こされて荒れ狂った。竹中平蔵《たけなかへいぞう》金融担当相（当時。驚くべきことに同時に経済財政相・郵政民営化担当相さらには総務相まで務めた）が「聖域なき構造改革」とか「金融正常化」を〝錦《にしき》の御旗《みはた》〟にして、金融庁という奇怪な検査機関による金融法人への立ち入り検査機能を強化した。私たちはこのことを忘れてはならない。

日本における時価会計は、2001年3月期から「企業会計原則（という法律）」の改正によって実施された。この時価会計の適用と、銀行の自己資本比率についてのBIS《ビーアイエス》基準が、アメリカの意思で強引に導入されたのである。

日本国内でも、それらの制度のあまりもの理不尽さに対して、各業界から時価会計とBIS基準導入への抵抗があった。だから正式導入まで約10年かかったのである。日本公認会計士協会がアメリカに実質的に乗っ取られることで強引に推進されたのだ。会長に奥山《おくやま》章雄《あきお》氏が就任し、アメリカの意思が〝手先代表〟の竹中平蔵大臣と直結することで、事態は2001年から加速度的に進行した。

竹中金融相は、銀行の融資先の貸し倒れ債権リスク評価を厳格に査定するようにと、**ゲシュタポ・金融庁**にハッパをかけた。竹中大臣と、その補佐官であった高橋洋一《たかはしよういち》氏（彼が「日本金融破壊」の実質的な現場司令官であったようだ。彼の『さらば財務省！』［2008年3月、講談社刊］を細かく読むと、如実にいろいろの真実が分かる）がやった。この日本の銀行と大企業群を外資に売り渡すために、強制的に時価会計での評価を押し付けた時の理論的根拠となったのが、「DCF（ディー・シー・エフ）法」である。

DCFとは、Discounted Cash Flow（ディスカウンテッド・キャッシュ・フロー）会計のことで、「割引現在価値《わりびきげんざいかち》」の理論でもある。DCF自体が、資産や債権の価格を算定するために使う際には、もともと恣意《しい》的でかなりいかがわしいものだが、金融庁はこれをさかんに振り回した。

金融庁の係官たちは、日本の銀行に「検査」「調査」でカッター・ナイフを持って襲いかかり、すべてを丸裸にした。と同時に融資先の格付け審査を厳格化した。そのために格付けが強引に引き下げられるケースが後を絶たなかった。それでダイエーやミサワホームのような旧UFJ銀行（三和銀行）の主要な融資先が、後述するとおり、かなり恣意的な査定によって「自力再建は不可能」との〝烙印〟を押された。そして「整理回収機構」という強制収容所に送り込まれていったのである。まるで無実の罪の者たちが死刑場に送られるような哀れさがあった。このことは私たちの記憶に新しいところだ。

いくらアメリカ帝国という「お上《かみ》」からのお達しによるものとはいえ、よくもあのような残酷で非道なことができたものだと、今さらながらに思い出す。そして、ところがなんと今やアメリカ自身に、その報いが起きつつある。さんざん日本の銀行や大企業をいじめた小泉・竹中コンビは、目下のアメリカのニューヨーク金融城が炎上する様子を、本心ではどのように考えているのか。知りたいものである。

●なのにアメリカは時価会計を放棄した

アメリカでは住宅価格がさらに下げ続けているから、金融機関は融資環境のさらなる悪化のさ中にある。だから現在、米国で行なわれている「貸し倒れリスクの評価基準」は、SEC（米証券取引委員会。日本の金融庁に相当する）自身による評価でも、実質的には「レベル2」から「レベル3」に低下してしまっている融資先債権が、ものすごい数で出現している。すでに「レベル3」に落ちてしまっている業績悪化企業を、SECは日本で残酷にやらせたようにバッサリと斬って、破綻処理（産業再生機構送り、刑務所送り）。そして外資に二束三文《にそくさんもん》で売り渡した）すべきなのだ。

ところがそれをやらない。なんとアメリカ政府とSECは奇策を弄《ろう》することに決めた。それが3月28日に全米の銀行と企業に一斉に送られた「SECからの手紙」（106ページに前掲）である。これが「アメリカでの時価会計の放棄」の明白なる証拠である。

この「SECからの手紙」によって、時価会計は実質的に放棄しても、よいことになってしまった。SECはそれまでの「厳格な貸し倒れリスクの基準」を自らかなぐり捨てて、巧妙に変更してしまい「それぞれの企業が独自の基準を採用してよい。あるいはその独自基準に照らして、『レベル3』に転落したものを無理やり『レベル2』（準健全債権）と見なしてもかまわない」としたのである。このようにして、全米の銀行自身にそれぞれ時価会計の適用を事実上放棄してもかまわない、とさせた。アメリカ人というのは、いざとなって自分たち自身が危なくなったら、こんなことを平気で行なうのである。日本人よ、怒れ！

アメリカが世界中に押しつけて回った時価会計（プレゼント・ヴァリュー・アカウンティング）ではなくて、旧来の取得原価主義《しゅとくげんかしゅぎ》（含み利益や含み損失温存主義）に戻ることを恣意的に選択できることを許したのだ。こんな卑怯《ひきょう》なことをした。そうすることでアメリカは、4月後半以降、リチャード・クー氏が日本で正しく指摘してきた「バランスシート不況」に陥ることがなくなり、ゆえに粉飾決算（アカウンティング・ドレッシング）に近い、お上《かみ》御免の「合法的な不正会計」が居直り的に堂々と導入されたのである。このように会計制度と信用リスク評価の基準を一気に、なりふり構わず改変したことで、一時的にはこれ以上の金融危機に陥らずに済むようになった。日本に対するこれまでのひどい仕打ちの責任はどう取るつもりか。

このために、全米企業の四半期決算が発表されるごとに「3カ月に一度ずつ起きる」ことが予想された「連鎖する暴落」が阻止されて、表面的にはアメリカ経済は平静を保っているのである。それでも思いがけないところから、危機は次々に起きる。二大住宅公社の破綻の表面化という7月危機は起きてしまった。

これから先もモノライン(債券の保証や保険をする会社)や金融先物市場(シカゴ・マーカンタイル取引所CME《シーエムイー》が代表)などの危機が起きるだろう。いつまでもそうした粉飾した帳簿を許す〝誤魔化し〟が通用するわけがない。また天罰が落ちて金融危機が再燃するのは自明の理である。

●格付け自体が〝上げ底〟だった

公正で透明であることを根本原則として謳《うた》っていたにもかかわらず、それらの会計原則をかなぐり捨てて、この3月からアメリカで官民一体で実際に行なったことは、まさに正反対のことであった。

もうひとつの具体例が、161ページでも述べる格付け会社による「嘘八百の格付け問題」である。スタンダード・アンド・プアーズ（Ｓ＆Ｐ）とムーディーズという純粋な民間会社が、公平かつ公正な評価・格付けを行なっているふりをしてきた。この格付け会社が、いかにも恣意的で作為的な情実の格付けをやってきたことが、今や満天下に明らかになってしまった。

米国民の中でも優良の住宅ローンである「プライム・ローン」と、超・低所得者層向けの、劣等の信用度しかない「サブプライム・ローン」の中間に、ジャンボ Jumbo とかオルト・エイ Alt-A という信用度の住宅ローンもある。これらを数百本とかまとめて束《たば》にして、証券化した金融商品（これもデリバティブに含まれる）であるＲＭＢＳ《アールエムビーエス》や、さらにそれを組み込んで作り直すＣＤＯ《シーディーオウ》にする。１本３億ドル（３００億円）とかの金融商品である。そしてそれらを外国の金融法人や、年金運用団体に売りまくったのである。中国、日本、ヨーロッパ諸国、中東産油国などが主なお客であった。

これらのデリバティブ（金融派生商品）の多くは「モノライン」という大して信用もなければ資金力もない保証会社（日本で言えば大手サラ金会社程度）が安易に保証することで、無理やり〝つっかい棒〟をした。そしてそれらの金融商品のウソの信用度に対して、格付け会社は最上級の「トリプルA」を与えてきたのである。

ところがついに危機が表面化した。これらの信用暴落を開始したサブプライム・ローン組み込み債（もう誰も引き受けないので、市場で価格がつかない）の、地に落ちた信用度を考えると、素人目に見てもトリプルA（AAA）の判断などあり得ない。

そもそも、上記の格付け機関2社は、これら金融派生商品（仕組み債）を売り買いして「ハイリスク・ハイリターン」の危険な運用をするヘッジファンドや金融機関自身から高い手数料をもらっていた。だから、公正な格付けもへったくれもなかったのだ。だから現在、格付け機関で実際に格付けに携わった人たちを〝詐欺師〟として逮捕（刑事起訴）すべきだといった声がアメリカで高まっているのである。

アメリカではシティグループを中核とする巨大金融機関と、格付け機関と、モノラインが、財務省を介して裏側で長年提携していた。多くの奇怪な証券化商品を金融工学の名で次々と生産し、お手盛りで高格付けにした。新しい種類の債券取引市場（金融先物市場）も作り出し、ここで相対取引《あいたいとりひき》で互いに示し合わせて、どんどん価格を意図的に吊り上げていたのである。このため、米国の絶頂の好景気を誇った住宅バブルというのは、〝ヤミ・カルテル〟による〝談合価格〟とでも言うべきものだった。

昨年の8月17日を境にはじけとんで、急転直下、足元で起こっているアメリカのバブル崩壊の動きは、イカサマ金融体制の化けの皮が剝がれつつある段階に来たことを示していると言える。アメリカは自らの罠に落ちたのである。この動きは、このあと数年で極限にまで達した時に、必然的に金融恐慌を引き起こさずにはおかない。

●ついに引き下げられた大手証券会社の格付け

社会的な非難を受けた格付け会社は、今ごろになってようやく金融機関の格付けを全面的に引き下げた。新聞記事では「格付けの変更」は次のようになる。

米メリルリンチの格付けを「A2」に引き下げ＝ムーディーズ

米格付け会社ムーディーズ・インベスターズ・サービスは7月17日、メリルリンチの債務格付けを引き下げると発表した。同社が4四半期連続で大幅な赤字を計上したことを理由に挙げている。ムーディーズは、メリルリンチの債務格付けを1ノッチ引き下げ「A2」とした。見通しは「安定的」。

メリルリンチが17日発表した第2・四半期決算は、評価損の計上などに伴い49億ドルの赤字となり、同社は、新たな資金調達に向けて資産約80億ドル（8000億円）を売却するとした。

メリルは、保有するブルームバーグの株式20％を44億2500万ドルで同社に売り戻した。また、35億ドル超でフィナンシャル・データ・サービシズ（FDS）の株式を売却する趣意書を締結した。

メリルの「A2」格付けは、スタンダード・アンド・プアーズ（S&P）が同社に与えている格付け「A」と同等となった。ただ、S&Pは見通しを「ネガティブ」としている。

ムーディーズは、メリルの「A2」への格下げと「安定的」とした見通しについて、最大100億ドルの追加評価損（税引き前）を計上する可能性を踏まえた決定としている。このリスクは主にリスクの高い住宅ローン担保証券へのメリルのエクスポージャーに関連しているとした。

（ロイター　2008年7月18日）

このロイターの記事にあるとおり、ムーディーズやスタンダード・アンド・プアーズが米証券会社の格付けをどんどん引き下げている。メリルリンチ、モルガン・スタンレー、リーマン・ブラザーズらの証券会社がたくさん抱え込んでいる株式や債券の類《たぐい》が暴落しつつあるからである。株式の場合は、時価すなわち金額が市場で決まるから、暴落したら暴落したなりでかまわない。それでも昔1株80ドルしたような超優良企業、たとえばゼネラル・モーターズ（GM）の株価が、前述したように10ドルを割ってしまった。

GMが10ドルを割ったというのは怖ろしい事態である。もはやゴミクズ株に近い。日本で言えば、昔3000円した優良な株価が、今200円しかしないという事態である。日本では1株100円を割ってくるとボロクズと見なされる。昔のままの日本の株式で言えば額面は50円であるから、100円割れは額面すれすれになってくる。こうなると、その企業の株は整理ポストに入れられて、整理・監理銘柄となる。

そしてこの事態がアメリカのモノラインでも起きたのである。

モノライン4社は無理やり「AAA」を付けていた。モノラインとは、債券保証＝保険業までやるアメリカの大手サラ金のことである。今はもう日本の通信簿の「3」から「2」のあたりである。「3」をようやく維持しているだけで、要するに破綻懸念先に相当する状況に陥っている。「3」だから「まあまあ」で、凡人の成績だと言っていられるような状態ではない。そうではなくて実情は「2」の赤点組の劣等生なのだ。落第生、退学生に近い点数のところにまで落ちているのである。

それと同じように、債券に関しては「ＡＡ《ダブルエイ》」から「Ａ《シングルエイ》」に落ちるあたりでジャンク債に入る。このことを日本人が自覚しなければいけない。各種報道も、前掲の図表のスケール（基準）に合わせて見る必要がある。以下に「ブルームバーグ」の記事を載せる。

米MBIA、ムーディーズの格下げで「綱渡り状態」に直面・フィッチ

格付け会社フィッチ・レーティングスのアナリスト、トマス・アブルーゾ氏は6月27日、ブルームバーグ・ニュースとの電話インタビューで、米金融保証会社（モノライン）大手のＭＢ《エムビー》ＩＡ《アイエイ》が信用格下げを受けて、74億ドル（約７８６０億円）相当の証券に関連した支払いや担保請求に応じるなかで「綱渡り的な状況」に直面するとの見方を示した。

同氏はＭＢＩＡが資金繰りを行う上で、他の契約を保障する資産に手を付ける必要がでてくる可能性があり、そうなれば一段の格下げにつながりかねないと指摘した。同氏は26日、ＭＢＩＡならびに同業のアムバック・ファイナンシャル・グループが、フィッチへの非公開情報の提供を打ち切ると決定したことを受けて、両社の格付けを停止した。

格付け会社のムーディーズ・インベスターズ・サービスが先週、ＭＢＩＡの格付けを5段階引き下げ「A2」としたことを受けて、MBIAは担保の開示ならびに一部投資家への返済を強いられている。MBIAの広報担当者、ジム・マッカーシー氏は現時点でコメントはないと述べた。 （ブルームバーグ 2008年6月27日。傍点、引用者）

●FRBに噂される「自己資本の低下」

今、アメリカの銀行がBIS基準で真っ青になって、貸し剝がしや貸し渋りが現に起きていることは前述した。105ページの表に載せたように、BIS基準が定める「自己資本比率」とは、簡単に言えば銀行の融資残高のすべてに対する自己資金の割合のことだ。いざとなった時、銀行は本当にどれだけ持っていて、返済（預金の払い戻し）に応じることができるのかという資金力のことである。

たとえば日本の岩手銀行とか西日本銀行などの地方中堅銀行で、2500億円ぐらいの貸付金および手形割引の融資金を持っている。それに対して内部留保というか、本当の内実のある自己資金が250億円あるから自己資本比率は10％である。10％あれば健全銀行ということになる。今は日本の地銀でも信用金庫でも、12％ぐらいのところがたくさんある。日本の銀行はかなり安全になっている。

ただし第二地銀とかに危ないところがある。それらには強制命令みたいなかたちで金融庁が脅しをかけて、強制合併をどんどんさせている。

しかし日本の不良債権処理は相当進んだ。自己資本率は４％あればいいわけで、これが銀行業をきちんと行なえる基準である。８％で国際金融業務ができるとされる。１９９８年からの金融危機で、日本のメガバンク12行の大きな都市銀行が海外拠点や海外支店をどんどん閉鎖していったのは、この８％を割ったからだ。それで危なくなって、海外支店をどんどん閉鎖していった。４％割れになった時点で政府の救済的な資本注入があり、自己資本率を維持したのだ。

１９９８年に日本銀行が自己資本率４％を一時割ったと言われている。それと同じ事態が今、アメリカのＦＲＢで起きているのである。数値を正確に公表しないから噂ばかりが先行しているが、実際にもう４％を割っているだろう。

すなわち中央銀行のくせに、ＦＲＢは銀行としては破綻していると考えてもいい。だから日本の通信簿で言えば「４」が「３」に落ちて、さらに「３」から「２」に落ちつつあ

日本の主要地銀と第二地銀が受けたサブプライム関連の損失

銀行名	本店所在地	損失額
常陽銀行	水戸市	115億円
山陰合同銀行	松江市	76億円
東京スター銀行	東京都	63億円
南都銀行	奈良市	40億円
岩手銀行	盛岡市	19億円
十六銀行	岐阜市	16億円
武蔵野銀行	さいたま市	15億円
青森銀行	青森市	15億円
千葉銀行	千葉市	12億円
北越銀行	長岡市	10億円
四国銀行	高知市	10億円
宮崎銀行	宮崎市	10億円
三重銀行	四日市市	8億円
西日本シティ銀行	福岡市	8億円

2008年3月期の各行の発表による。

るという厳しい状況になっていると考えなければいけない。自己資本率が4％を割り込み、3％、2％になるということは、銀行業としては信用ゼロに近くなりつつあるひどい状況である。このことを私たちが察知すべきだ。

●世界会計基準の〝奥の院〟で起きたこと

世界中の信用格付けの隠れた総本山であると考えられる組織で異変が起きた。以下の「選択」誌の記事はきわめて重要である。

サブプライム地獄の司祭たち

その紳士淑女たち十四人は、ロンドンのセントポール聖堂に近い荘重なたたずまいのビルに、月一、二度、集まってくる。どういう人々であるかを、ビルのある街路、リトル・トリニティ・レーンの住人たちも知らないだろう。

国際会計基準審議会（ＩＡＳＢ）という目立たぬ名の機関の評議員たちである。ＩＡＳＢは会計監査の総本山だと考えたらよい。会計のルールそのものを決定する。加盟する世界約百カ国の金融機関、企業は十四人が打ち出す「基準」にひれ伏さなければならない。企業活動のグローバリゼーションを推進し監督する総司令部でもあるのだ。

今、ＩＡＳＢはサブプライム・ローン危機の共同正犯として浮かび上がった。危険な債権を金融商品化する巨大オペレーションが可能になったのは、審議会に「故意の不注意」があったせいではなかったのか、と。

ロンドンのマネー司祭たちの羨むべき高額報酬の主要な財源は、米国のメジャー銀行と格付け会社の分担金にある。今年四月、金融技術担当のリズ・ヒッキー評議員が更迭された。理由は明らかにされなかった。

（「選択」　２００８年６月号）


この記事の最後にある「今年四月、金融技術担当のリズ・ヒッキー評議員（という女性の役員）が更迭《こうてつ》された」という箇所が重要である。不祥事として責任をとった人物が出たということだ。このＩＡＳＢ（International Accounting Standard Board 国際会計基準審議会）自体が、ひっそりと動いている世界の権力者たちの組織だということがよく分かる。

ＢＩＳ（国際決済銀行）は、第一次世界大戦の時にドイツが払った賠償金でできた銀行である。スイスの都市バーゼルにあるので「バーゼル・クラブ」とも呼ばれるが、最初から米ロックフェラー財閥家が関係していて、ヨーロッパに勢力進出侵略したアメリカ・ロックフェラー家の国際金融機関だと言われている。

パリに本拠があるOECD《オウイーシーディー》（経済協力開発機構）は、ヨーロッパのもうひとつの国際機関である。OECDはヨーロッパ勢のロスチャイルド家の力が強い。チューリッヒにはユネスコがある。だが同じヨーロッパでも、バーゼルにある国際金融機関のBISはアメリカ系なのである。ここがBIS基準なる統制手法を作って、世界中の銀行をにらみつけてきたわけである。

それが今、アメリカ自身に襲いかかっている。アメリカの地方の中堅銀行や住宅貸付専門銀行、信用金庫みたいなところにまで厳しいBIS基準の規制がかかってきている。しかし、やがてこれもなりふり構わず投げ捨てるか、あるいはルールそのものを変えてしまうだろう。

アメリカは自分が試合の「ルール・ブック」を握って、自分でゲームをやっている国であるから、自分に都合が悪くなるとルールを勝手に変えてしまう。そういう汚いことをこれからもどんどんやるだろう。今までファウルだったものをホームランにしたり、ストライクだったものをフォアボールにしたりしてしまうのだ。

前述した「ＳＥＣからの手紙」で格付け基準を勝手に変更したり、時価会計を放棄し始めた。時価会計を放棄したことで、「レベル３」である「セミ・バッド・ローン」に落ちた融資金の信用度を、無理やり「レベル２」に押し上げても、以後はＳＥＣは見て見ぬふりをする、とそれとなく書いている。

あるいは、すでに「レベル３」の不良債権（バッド・ローン）なのだけれども、これをほぼ健全な債権あるいは融資金であるという認定を、それぞれの銀行や大企業が自分で自分なりの基準をつくって決算書の中に公表するならば、それを認めるなどとズルいことを言い出したのである。非常にたちが悪い。

どうして日本の公認会計士たちの中から、アメリカの急激な基準変節に対して怒りを露わにしたり、抗議の声を上げる者たちが出てこないのだろうか。それとも『りそなの会計士はなぜ死んだのか』（山口敦雄著・２００３年、毎日新聞社刊）のような怖ろしいことがあったので、皆怖がって黙りこくっているのか。

公認会計士協会を牛耳る、アメリカで飼い慣らされてきた役員たちからの締めつけが怖いのだろう。日本はこの程度の、あわれな属国（a tributary state　トリビュータリイ・ステイト）なのである。

●G7の意向を無視したアメリカの行く末

3月17日に大手のベア・スターンズ証券が破綻して、4月10日にワシントンで行なわれたG7（中央銀行総裁・財務大臣会議）で議論がなされた。その時ヨーロッパ中央銀行のトリシェ総裁や日本の額賀福志郎《ぬかがふくしろう》財務大臣（当時）、その他のヨーロッパの決済銀行の金融機関の長たちも、アメリカの身勝手な時価会計の放棄に「それはおかしい」と反対した。アメリカはG7で意思を一致できなかった。

ところがその陰では、「SECからの手紙」（3月28日送付）というかたちでアメリカ国内向けに公表して、アメリカだけで勝手に時価会計を公然と放棄する暴挙に出た。世界中からの自分に対する信用を、自分で投げ捨てたのである。

信用格付けや時価会計とは違って、BIS基準のほうは今のところまだ投げ捨てていない。だからアメリカの銀行は追いつめられている。そこで増資でも何でもして、国際機関であるBISが定めた自己資本比率4％の数値を達成しなければならない。そのために、とりあえず自己資金を集めることに必死だ。

アメリカの「ルール変更」は認めない

米財務省前で記念撮影するG7の面々（2008年4月11日）。各国はアメリカの時価会計放棄にこぞって反対した（しかしアメリカは強行した）。前列中央がアメリカのポールソン財務長官。右から3人目が日本の額賀大臣（当時）。ヨーロッパ中央銀行のトリシェ総裁は後列右から2人目。残念ながらバーナンキFRB議長はポールソン長官の陰に隠れてよく見えない。

写真／ロイター＝共同

「100日ルール」（4月のG7が出した声明。金融機関に対して、100日以内にリスク資産の所有や損失を決算で開示するように求めた）があったので、7月20日までに4％の自己資本率を達成しないと破綻扱いにされるところだった。その危機は保有債券の格付けや融資先信用の格付け変更をSECに認められたことで何とか乗り切った。

それでも融資に対する担保《プレッジ》として銀行が受け取って保有しているサブプライム関連の証券化商品の評価額が、すでに自己資本比率割れを起こすところにまで激しく下落し続けている。アメリカの財務省やFRBは、これらの危険な銀行をどうやって救済する気か。

保有しているそれらの住宅ローン関連の証券化商品は、暴落中で買い手が付かない。値段が付かないから、評価のしようがないはずなのだ。だから、時価会計の原則に従えば0円である。

ところが時価会計基準の当てはめを大幅に緩《ゆる》めることにSECがお墨付きを与えたから、粉飾をやっても処罰されないとなった。だから簿価（取得時の価格）のまま、それを80％の金額で資産《アセット》勘定に載せてしまうというインチキを自分たちでやることに決めた。アメリカの通貨当局自身が、自分たちで法律を破って、それで恥知らずにも多くの銀行を生き延びさせるつもりなのだ。

こうしてアメリカは、勝手に、自分たちでルールを変更してしまった。

さらに、これらの劣化したモーゲージ担保債をＦＲＢが自分で担保にとって、金融機関（銀行、証券）に直接、ＦＲＢからの緊急の救援資金を供給しようとしている。米財務省も米国債でどんどん貸し付けている。これでは公的資金の投入（国のお金を直接入れる。税金投入 tax money injection ）とほとんど変わらない、たちの悪い迂回《うかい》融資である。ベア・スターンズ救済の手口もこれと同じだった。こんなルール違反は本来なら許されないはずなのだ。

4章

恐慌への道のり

●中国も「1月危機」で崩れた

私たちは確実に、アメリカ発の恐慌への道を歩まされている。サブプライム・ローン危機以降の世界の動きを振り返れば、そのことが実感できるはずだ。まず株価と為替の動きを見てみよう（53ページと71ページのグラフを参照）。

2008年1月21、22日に世界的な株の大暴落が起きた。文字どおり「連鎖する大暴落」だった。フランス4大銀行の一角であるソシエテ・ジェネラルが71億ドル（約8000億円）の損失を出し、ちょうど同じ日にシティグループが2・5兆円の損失の発表を行なっている。これらは単年度の損失ではなく、四半期（2007年10〜12月期）での数字である。

そこで2月9日に、緊急にG7（中央銀行総裁・財務大臣会議）が東京・港区の三田共用会議所で開かれた。このG7では緊急対策案が練《ね》られたのだが、話がまとまらなかった。翌3月にはベア・スターンズの破綻が起きて、世界中に危機感が生まれる。ニューヨーク・ダウ工業平均株価は3月10日、1万2000ドルを割って1万1740ドルに下げた。為替相場も3月17日、1ドル＝100円を割って95円にまで下げた。と同時に、原油が1バレルあたり110ドルに暴騰したのである。

1月21、22日の世界株崩れの時に、新興国と言われる中国とブラジル、ロシア、インドの株も大きく崩れた。それ以来、どうも立ち直りを見せていない。特に中国の株、すなわち上海総合指数の崩れが激しい。147ページに掲げるグラフのとおりである。２００７年10月16日には上海総合指数は６１２５元（ポイント）になっていたのが、1月21、22日を契機にガラガラと激しく崩れ出して、4月25日には３５５７元をつけた。8月11日時点では２４３０元前後である。この先はおそらく２３００元を割るだろう。このあともしばらく中国は戻らないだろう。

去年の8月17日、サブプライム・ローン危機があってもびくともせずに、逆に激しい暴騰を始めた中国の株価が、もんどりうって急激な下落に転じた。中国の立ち直りはまだ見えない。北京オリンピックに続いて、２０１０年の上海万博までを何とか乗り切るだろうが、そのあとも苦境は続くだろう。中国がふたたび大きく成長するのは5年後ぐらいからだろう。

アメリカの金融崩れが激しいということは、中国経済の立ち直りもなかなか厳しいことを意味する。中国は粗雑な一次産品を世界中に輸出して稼いできた。この構造にも打撃が与えられる。中国のこの20年間の驚異的な急成長は、実は保有する米ドルと米国債を、その信用の土台にしてなし遂げられたものである。だから米ドルと米国債が崩れると中国も苦しい。

しかし、アメリカのドル覇権（ドルの信用）が崩れたあとは、その先は逆に中国がアメリカのドルの信用を支えてゆくだろう。今でも13億人（本当は15億人。世界人口66億人の4分の1）の労働力が世界経済の実質的な生産力を生み出していて、米ドルの信用をも基礎づけているのである。

ただし中国人は、ドルと米国債の下落があまりにひどいようだと、遠慮などせずに公然とドルを売り始めるだろう。そうすればアメリカの没落はさらに早まる。今のところ中国政府はアメリカに遠慮して、かつ自分自身が損をするので保有するドルや米国債の売却を公然とは行なっていない（密かに売り始めている）。中国が保有する1兆8000億ドル（200兆円）もの外貨準備は、ほとんどがドル建て資産であるから、今、中国政府は本気でこれを分散しようとしている。だから日本株や日本国債を密かに大量に買っている。

●そして「7月危機」が訪れた

以下の記事にあるとおり、雲行きは7月11日から怪しくなっていた。アメリカの地方銀

上海総合指数（上海株式市場の株価）の推移

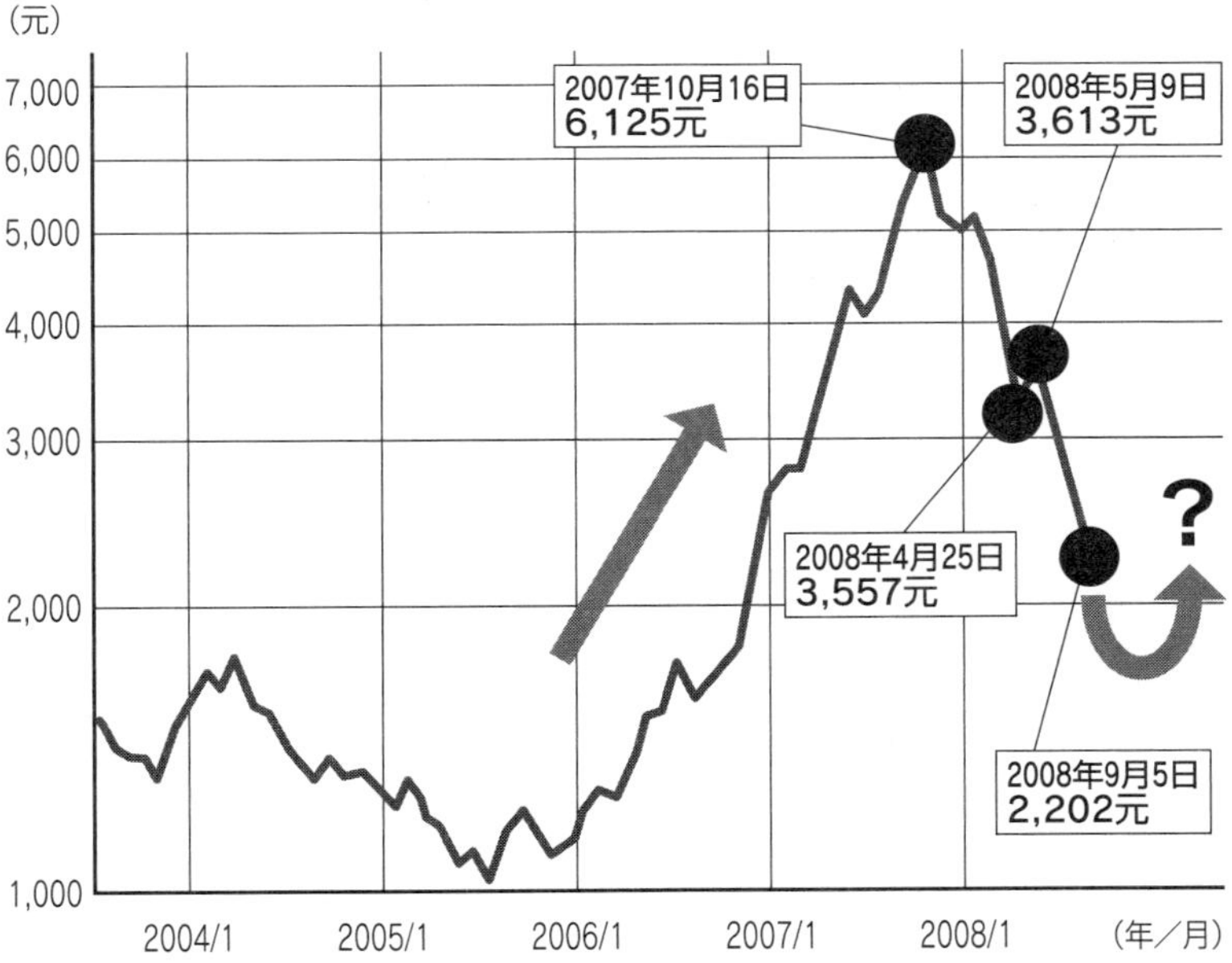

右肩上がりを続けてきた中国の株価も、アメリカのサブプライム・ローン崩れから下落を始めた。

出典：Bloomberg、Yahoo! Finance

行で住宅ローン大手のインディマック・バンコープ（本拠カリフォルニア州）が取りつけ騒ぎを起こし、業務停止になった。住宅価格の下落が続いて担保評価割れが拡大した。それで住宅ローン貸付（融資）の焦げ付きがひどくなって、資産状況が急激に悪化していたのだろう。

米住宅ローン大手、インディマックが破綻

米連邦預金保険公社（ＦＤＩＣ）は7月11日、米地方銀行で住宅ローン大手、インディマック・バンコープの業務停止を発表した。ＦＤＩＣが管財人となり、預金や資産を引き継ぐ。３月末時点の資産規模は３２０億ドル（約3兆４０００億円）、預金量は１９０億ドルだった。直ちに金融市場の混乱を招く恐れは小さいものの、住宅ローンで急成長した大型金融機関の破綻は米金融システムへの懸念をさらに強めそうだ。

米国で業務停止となった金融機関としては、ＦＤＩＣの資産の調べで１９８４年のコンチネンタル・イリノイに次ぐ過去2番目の規模。ＦＤＩＣによると、預金保険が今回の措置に伴い預金の保護などのために負担するコストは40億―80億ドルと見込まれる。業務は週明けの14日から通常通り継続。ＦＤＩＣは受け皿機関の選定を急ぐ。

IMFが予測した全世界金融機関の損失額

	種類	残高	潜在的な損失額
ローン	サブプライム	3000億ドル	450億ドル
	オルトA	6000億ドル	300億ドル
	プライム	3兆8000億ドル	400億ドル
	商業用不動産	2兆4000億ドル	300億ドル
	消費者ローン	1兆4000億ドル	200億ドル
	企業向けの貸し出し	3兆7000億ドル	500億ドル
	レバレッジド・ローン	1700億ドル	100億ドル
	合計	12兆3700億ドル	2250億ドル
証券	ABS（資産担保証券）	1兆1000億ドル	2100億ドル
	ABS-CDO（合成型債務担保証券）	4000億ドル	2400億ドル
	プライムMBS（住宅ローン担保証券）	3兆8000億ドル	0
	CMBS（商業用不動産ローン担保証券）	9400億ドル	2100億ドル
	消費者ローンABS	6500億ドル	0
	投資適格社債	3兆ドル	0
	ハイイールド社債	6000億ドル	300億ドル
	CLO（合成型ローン担保証券）	3500億ドル	300億ドル
	合計	10兆8400億ドル	7200億ドル
	総計	23兆2100億ドル	9450億ドル

出典：IMF2008年4月発表資料

IMFはローン（サブプライム・ローンを含めた住宅ローン）と証券（住宅ローン債権を組み込んだ関連証券）の合計損失が9450億ドル（約100兆円）に上ると推計した。驚くべき額であるが、どうせこれからもっと増える。

（日本経済新聞　２００８年７月12日）

そして７月13日に、フレディマックとファニーメイの５・２兆ドル（５３０兆円）という途方もない不良な融資残高と債券発行残高が公表された。この「７月危機」でＮＹダウ平均株価は１０９６２ドルにまで暴落した（７月15日）。アメリカの地方銀行が次々と潰れ、メガバンクやメガ証券も巨額損失を明らかにしたことは前述のとおりである。

米議会は７月26日に、ファニーとフレディに対してＦＲＢの監視権限を与えることを定めた「住宅金融支援法」（本当は「借金踏み倒し法」）を可決したが、この法案について私が尊敬するロン・ポール下院議員は驚くべきことを語っている。この内容はネット上で公開されているものである。

ロン・ポールが住宅法案を批判

ポール議員は、以下の点を動画投稿サイトの「ユーチューブ」（You Tube）に向けて発表した動画の中で説明している。

1．当初FRBは、今度の法案では25億ドルの緊急融資枠（ライン・オブ・クレジット）を財務省に与えるとされていた。ところが出てきた法案では数字がなくなっていた。つまり「無制限」ということになる。
2．議会が資金の供給を決めるのではなくて、これからは財務省が決めることになる。
3．アメリカの国家負債の天井はさらに膨れあがり、（単年度で）８０００億ドル（80兆円）になる。
4．今や誰も欲しがらないファニー債とフレディ債と、アメリカ国債との交換が行なわれることになる。
5．この政策の遂行は、さらなるアメリカのインフレ傾向を悪化させる。物価が上昇し、ドルの価値の下落がさらに進行する。
6．住宅ローン業界で働く人々の指紋登録が行なわれる。
7．アメリカ国民がクレジット・カードでやりとりした売買記録は、すべてＩＲＳ（米国歳入局。アメリカの国税庁）に報告されることになる。

（元の動画：Ron Paul on the Housing Bill）

ロン・ポール議員によれば、今回の法案はポールソン財務長官にとって、議会が夏の休暇に入る前にどうしても成立させておかなければならなかったもののようである。ブッシュ政権が終わってオバマ政権になった時に、この法案に規定されている「オープン・エンド」（無制限な融資枠）の巨額な資金が金融市場に突っ込まれることで、アメリカの大恐慌入りを防ごうとするものだ。その際にＦＲＢがドルというお札を刷ってアメリカ財務省に与える。ただ、このＦＲＢは政府機関ではなく、民間機関だとされる。

ＦＲＢはここまで来ると、どう考えても政府と一体となっている機関なのだが、それだと「政府機関が政府機関にお金を融通する」形となり、「同一組織間のお金のやりとり、貸し借り」の関係が生まれるだけである。これを法律学の用語で言うと、いわゆる「債権債務の混同《こんどう》」の関係になる。混同とは「債権及び債務が同一人に帰属すること」を言い、この場合「当該債権・債務は消滅する」という意味である。それでは困る。だからＦＲＢは民間組織にしておかなければならないのだ。これは法律学の考えに基づいた説明である。

●ドルが世界にあふれ出す

この「米住宅金融支援法」（住宅ローン救済法）は、前述したとおりナチス・ヒットラー政権の「授権法《じゅけんほう》」に相当するものだ。授権法とは法律を制定する権限を議会自らが投げ捨てて政府に包括的に与えてしまう、とんでもない法律のことである。議会自身の自殺行為を意味する。政府が議会の立法権を盗んで、行政府の一部である財務省が、以後どれだけでも国債を発行したり、救援資金を出しまくるということだ。だから、これから米国債がジャブジャブにあふれかえってしまう。この水増し（溶液を薄めること）は dilution（ダイルーション。希薄化）と言う。江戸時代に幕府がたびたび小判を悪貨に改鋳《かいちゅう》して、金の含有量を減らしたことに似ている。だからやがて米ドルと米国債の大暴落につながる。財務省自身が途方もない巨額の国家借金を抱えながら、こそこそと巨額の国債を刷り続け、それをＦＲＢ（中央銀行、発券銀行）に引き受けさせ、ドル資金を獲得してあちこちに流すことをする。あるいは、銀行や証券会社が保有するゴミクズ債（ジャンク債。誰も欲しがらない債券）と米国債を交換してあげるという、おかしな行動に出る。

3月14日、ベア・スターンズ（全米第5位の証券会社）が破綻した時に、吸収合併先のＪＰモルガン・チェース（ジェイミー・ダイモン氏がＣＥＯ）に対して、ベア・スターンズが空けていた穴（完全に未償還金となった３００億ドル＝３兆円分）をポールソン財務長官が国債で直接支払ったのである。これと同じことを今後も20回ぐらいやるのではないか。

国家はこれほど怖ろしいものだ。やろうと思えばどんなことでもするし、いくらでも資金を供給できるのである。ただしその報いがどこかに現われる。

今のところ10年もの米国債（TB《ティービー》、Treasury Bill）の金利は、年率4・1％前後で安定している。去年のサブプライム・ローン崩れのあとで起きた「質への逃避《フライト・トウ・クオリティ》」で、世界中から安全を求めて米国債に資金が流れ込んだし、今もそうである。

しかしそれでも、あまりにもこういうジャブジャブを続けるようであれば、今後はそういうわけにはいかない。米ドルと米国債の価値が大下落するであろう。それは神の怒りとか天罰の類である。ドルの対外的信用不安が生まれ、ドルの価値は大きく毀損される。

●公的資金はモノラインにも注入される

これまで繰り返し説明してきたが、モノラインと呼ばれる大手サラ金のような会社（債券保証会社）が12社ある。そのうちの大手が、MBIA（エム・ビー・アイ・エイ）、AMBAC（アムバック）、FSA（エフ・エス・エイ）、FGIC（エフ・ジー・アイ・シー）の4社である。このうちFGICの格付けは大きく引き下げられた。焦点となってきたMBIA、AMBAC《アムバック》の上位2社については、増資（資本注入）に成功したことを理由に、意

アメリカの長短金利
（10年もの国債とFFレート）

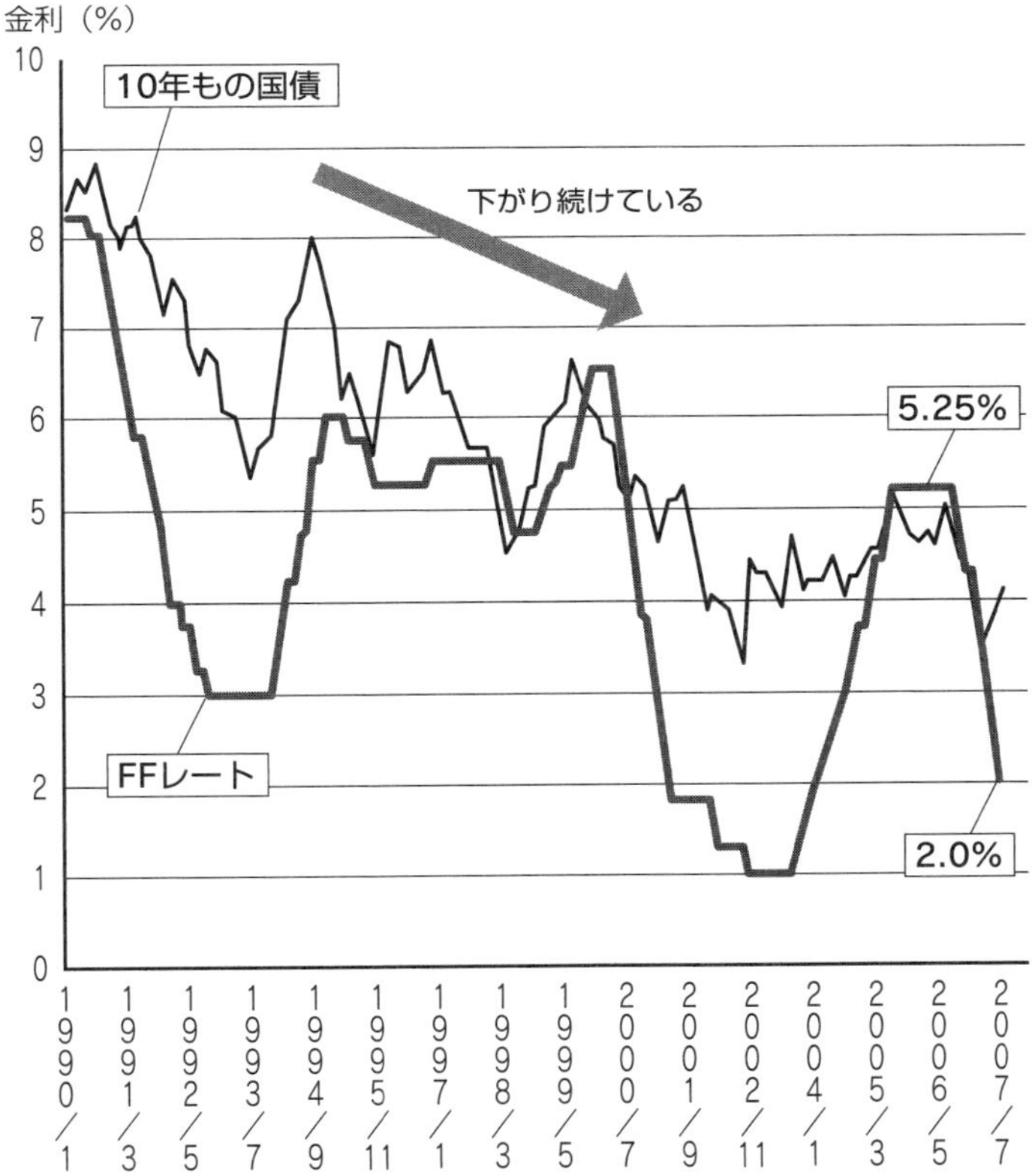

アメリカの長期金利（米国債）は年率4.1%前後で安定している。これは「質への逃避」でアメリカに資金が流れ込んでいるためである。しかし今後、米国債の刷り散らかしが始まれば利回りが上がり、米国債の価値は暴落する。

図的に格下げが見送られている。米政府（米財務省）の意向が強く働いているのだろう。

この４大モノラインのＡＭＢＡＣ、ＭＢＩＡ、ＦＧＩＣ、ＦＳＡが、２００９年中にはどうせ破綻するだろう。この４大大手のモノラインをアメリカ政府は何としても救済しなければいけない。その時は政府資金（公的資金）の投入をやるだろう。

モノラインは、日本で言えば日本信販やオリックスのような、サラ金会社やリース会社程度で、いわゆるノンバンクの大手である。一流金融法人のようなふりをして、金融保証料を稼ぎ、濡れ手で粟のごとく食べてきた。

ここがアメリカの地方債の保証、再保険をやっていた。つまりニューヨーク州やニューヨーク市、カリフォルニア州のような巨額な赤字を抱えた全米の自治体（地方政府《ローカル・ガヴァメント》）が発行するミューニシパル・ボンド（地方債、公債）の保証を行なっている。州や大都市政府の信用度が低いので、格付けをＡＡＡ（トリプルＡ）とかに無理やり押し上げるためにモノラインの保証を付けさせる形にしたのだ。地方公共団体だから簡単にはつぶれないという前提で保証の見積りの料率を決めるため、これまでは安い保証料で引き受けていた。

ところがサブプライム・ローンなどと同じように、自治体にも破綻の危機が出てきた。日本も同じだ。そうすると保証料の料率が跳ね上がる。この危険が目の前に迫ってきてい

大手モノライン2社の株価

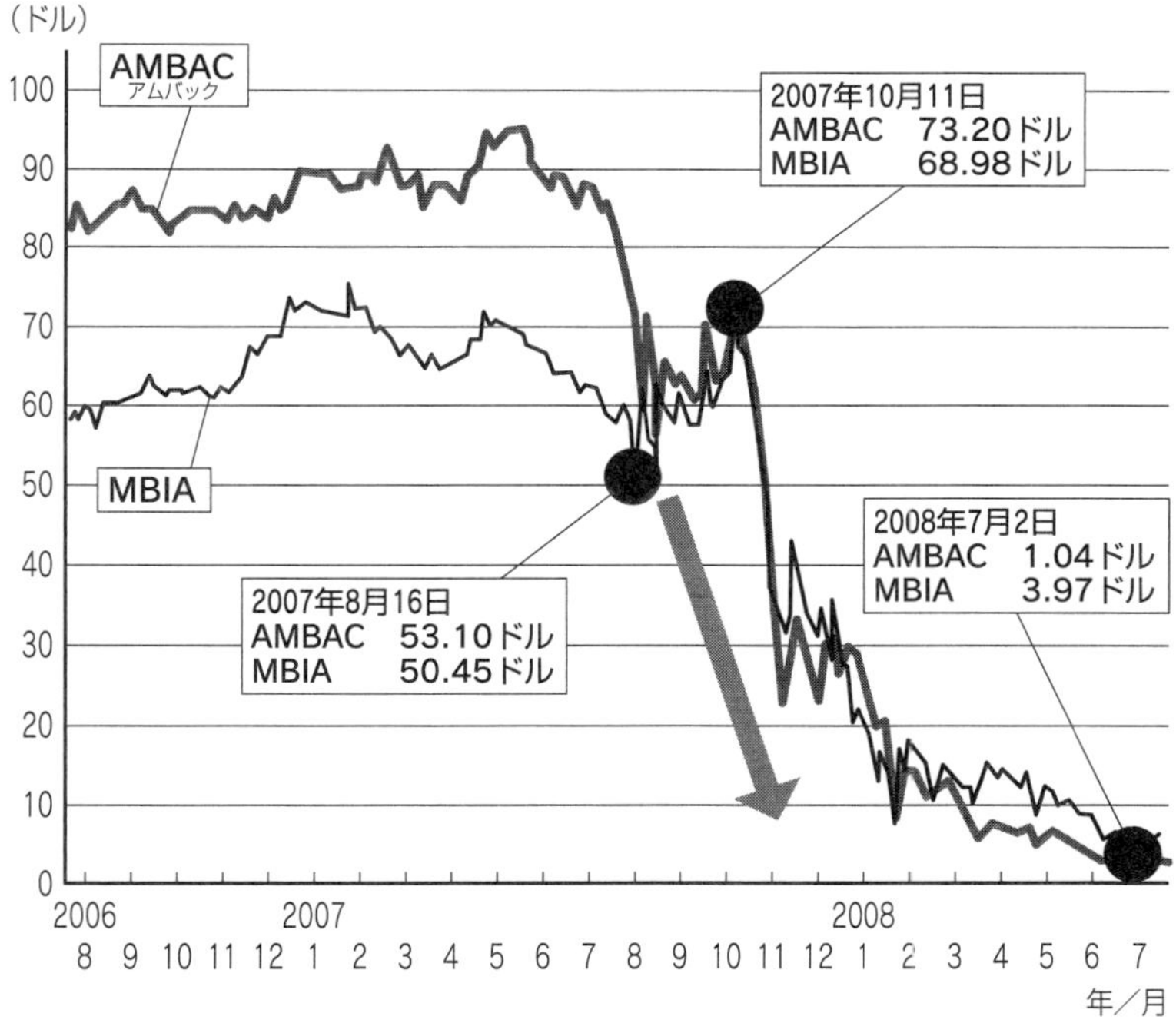

このように、もはや値段が付かないのと同じ状態である。

（Dow Jones IndexとYahoo! Financeのヒストリカル・データから作成）

る。その料率の決定というところに、すべての秘密が隠されていた。料率はどうやら胴元たちによって恣意的に勝手に決められているのである。

●日本の住宅ローンで分かる、モノラインの仕組み

これがいわゆるデリバティブ商品（金融派生商品）の隠された秘密である。デリバティブ商品の契約残高は非常に大きいが、その保証料率は0・02％のようなお金である。モノラインはこの保証料だけを、何の努力もなしにかっさらっていただけなのだ。これが保険会社という詐欺会社の特徴だ。

ところが2008年6月から、モノライン大手自身が発行している債券に対する格付けの評価替えと、格付けの下落が起きた。それまではむりやり「AAA」（トリプルA）でやっていたのが、5段階くらい下落した。今は実質「Bレベル」を通り越して、「Cレベル」である。モノラインすべてが本当は破綻しているのだ。債券の信用・格付け問題については、本書102ページ以下で詳しく論じた。

このことをもっと分かりやすく説明しよう。私は5000万円の住宅ローンを抱えている。これを10年ものの2・5％の固定金利で借りている。これには160万円の返済保証

料が入っている。この160万円の保証料は、おそらく再保険でアメリカのモノラインのような保険会社に売られているはずである。この160万のうちの3割くらいに相当する60万ほどが、モノラインのような会社に再保険料、つまり保証料として、日本の銀行の子会社である保証会社から再保険に入れられているはずだ。

私がこの5000万の住宅ローンを返せない場合、アメリカのモノラインの保険会社が肩代わりして、私に融資した日本の銀行に払ってくれるというかたちになっている。日本人である私の返済能力は非常に高いので、非常に安い保証料で済んでいたわけである。

日本の高い信用度のある住宅ローン融資に対する保証は、これまできわめて低い金額（料率）で済んでいた。だから私が保証料として銀行に払った160万のうち、60万円くらいをモノラインは取ることで5000万円分を保証していた。

これまでこのような構造があった。ところが事態が急変しつつある。アメリカのモノライン自身の信用格付けの激しい低下によって、モノラインそのものの信用度が低下した。このことから起きる信用不安で、引当金を積み増さなければならなくなった。サブプライム・ローン危機が起きてアメリカで返済不能のローン債務者が山ほど出現しているので、返済不能の危険《リスク》が発生した時のモノライン自身の保証引き受け能力に対する料率が跳ね上がる。モノライン1社あたり2000~3000億円の引当金を積み増すために、資金を調達しなければいけなくなった。この引当金を積まなければただちに債務超過、すなわち破綻である。ロイターの記事を引用する。

米アムバック、取締役会が5000万ドルの自社株買い戻しを承認

米金融保証会社(モノライン)大手のアムバック・フィナンシャル・グループは7月3日、取締役会が5000万ドル相当の自社株買い戻しを承認したと明らかにした。

アムバックの広報担当者によると、同社は、3月に11億5500万ドル相当の株式発行を行った際の引受業者から自社株を買い取る意向。当局への報告書によると、引受業者はバンカメ、シティグループ、クレディ・スイス、UBSで、アムバックの株式5000万ドル相当を保有している。引受業者は一定の期間、株式を売却することができない。

アムバックは過去3四半期に合わせて50億ドル(5500億円)以上の赤字を計上した。ムーディーズ・インベスターズ・サービスとスタンダード・アンド・プアーズ(S&P)は前月「AAA」の格付けを引き下げている。

(ロイター 2008年7月3日)

地方債（ニューヨーク州債とか）までも保証しているモノライン12社を、アメリカ政府はどうしても潰させるわけにはいかない。だからここで1兆ドル（110兆円）ぐらいの公的資金の投入をやることになるだろう。

モノラインは、格付け会社のムーディーズとスタンダード・アンド・プアーズに〝悪の枢軸〟並みの相互依存体制で、お手盛りでウソの格付けをしてもらってきた。その「弱みの握り合い」の共犯関係が仲間割れで壊れだした。モノラインと格付け会社の双方が疑心暗鬼になって、自分の責任を少しでも軽くしようとして、モノライン各社の信用格付けをどんどん引き下げ始めた。それで引当金をたくさん積まなければいけなくなった。モノラインの株価のほうも暴落している。格付け会社のムーディーズとスタンダード・アンド・プアーズ社の株の暴落も激しい。

●今、金融商品を日本に売りに来る時の値段は？

アメリカの金融市場全体の信用危機が日本に大きく影を落とすことは言うまでもないだろう。

日本の三菱ＵＦＪ銀行は、ファニーとフレディの債券を3・3兆円も買い込んでいた。

しかしそれだけでは済まない。三菱はシティグループ（シティバンク）に「抱きつかれ心中」するのではないか。三菱が果たしてどこまで、死にものぐるいで抱きついてきて、しがみついてくるシティという深情けの醜女《しこめ》の手をふりほどいて逃げ切れるか見物である。シティバンクの真実のオーナーであるデイヴィッド・ロックフェラー（93歳）の長年の軛《くびき》が三菱には架かっている。だから三菱＝ロックフェラーの130年間に及ぶ運命と宿命として、ここの地獄はどうせ通過しなければすまないのである。

それに引き替え、今の三井住友銀行のうれしそうな様子といったらない。遠くから見ていて実に愉快である。三井住友のトップたちが「勝ったぞ」と密かに快哉《かいさい》を叫び、滲《にじ》み出る笑いを必死で噛み殺している様子が目に浮かぶ。世の中はそんなに甘くないか？　三井住友だって多くの傷を受けて満身創痍《まんしんそうい》かもしれないのだから。

それでも彼ら三井＝ロスチャイルド勢力の一番上の連中は、これまでの長年の苦労と屈従が終わろうとしていることを、予感を通り越して実感しているであろう。その喜びを噛みしめながらも絶対に表に見せないように堪《こら》えている。

三井住友FG（フィナンシャルグループ）が今回、ファニーメイとフレディマックで抱えた（公表された）含み損は、たったの2000億円であった。三井住友が昨年8月以降に受けた打撃（実損）は思いのほか少ない。三井住友にはアメリカから目下、サブプライム・ローン組み込み証券化商品のセールスが殺到している。アメリカで潰れかかっているメガバンクの幹部たちが、「元値の7割引から8割引」の金融商品をバッグに入れて、三井住友に必死の形相でセールスに来ている。

たとえば元本（表面総額《フェイス・バリュー》）1000億円（10億ドル）で1本の金融商品が、8割引の200億円で買えるのだ。まさしくボロクズ値段である。さらにあと1割引いてくれて、もっと値下がりする可能性もある。すなわちピーク時の総額1000億円の商品（不動産物件でも同じことだ。どうせ住宅や商業ビルを担保にしているのだから）を、200億円の捨て値で買うとして、さらに100億円値引きするかもしれない。

アメリカの金融ユダヤ人たちの商売感覚は、これで普通である。「勝負《ゲーム》に負けたらさっさと投げる」のである。その時に「8割引」までは当たり前なのだ。あとの2割が手元に残っていれば何とかなる。もう一度勝負をかけられる、と考える。たとえば、手持ちで初め総額1000万円あったベット（賭け金）が、勝負に負けて2割の200万円になっても、それでもう一度賭《かけ》に出て取り戻せる、と考える。これが博徒《ギャンブラー》の根性というものだ。ところがいくら博打《ばくち》のプロでも、残った手元金が9割引の100万円しかないとなると、負け（損）を取り戻すのはなかなか大変だ、と現実的に頭脳で考える。

何とか7割引、8割引で手元資金を回収して損害を減らしたい。だから8割引でなら毀損した手元資金を気前よく売り払う。賭博の金はショート・マネー（ホット・マネー）といって、すぐにいつでも換金できることが命だ。プロの投資家（経営者）は、いつでも動かせる資金としての手元流動性が一番大事だと考える。素人は投資（買ったもの）で損をした（負けた）と分かっても、「そのうち値上がりするだろう」と、じっと損を抱えて我慢する。この時点ですでに負けている。

だから、自分がつかんでいるサブプライム金融商品が粗悪な商品であることが分かったら、8割引で売って回るのが賢い経営者だ。日本の商人だったら、しみったれて「3割引で買ってくれないか」と同業者の間を回るだろう。それは甘い考えだ。本物の経営者（投資家）なら、8割引でさっさと投げ捨てる。だから日本に、ニューヨークからメガバンク、メガ証券の本社の副社長たちが自ら投げ売りに来ているのだ。

ただし8割引の200億円で買った商品が、さらに値下がりして、残りが実質100億円になってしまうかもしれないのである。さらに半値の暴落である。実際にそのようになる可能性がある。それが金融の世界だけでなく、世の中の掟というものである。

それでもなお今の三井住友グループは強気に転じている。裏口で欧米からの金融商品のバルク・セールや救済合併込みの融資話に応じている。その代表例が6月20日のイギリス最大の民間銀行であるバークレイズ・バンクへの融資1000億円という新聞報道であった。真実はその10倍の1兆円くらいの融資であろう。これで三井住友が実質的に英バークレイズ銀行の筆頭株主に躍り出たはずである。

三井住友銀、英バークレイズに出資へ＝一千億円規模、月内にも合意

三井住友銀行が英銀大手バークレイズに出資を検討していることが6月20日明らかになった。米国の低所得者向け高金利型（サブプライム）住宅ローン関連の投融資で多額の損失を被ったバークレイズが資本増強に踏み切るのに併せ、増資を引き受ける。出資額は日本円で1000億円規模に上る可能性があり、月内にも合意する見通し。

（時事通信　2008年6月20日）

おそらくこの三井住友による英バークレイズ銀行（当然ロスチャイルド系である）の緊急救済の話は、ジェイコブ・ロスチャイルド男爵（73歳。ロンドン・ロスチャイルド家の当主である）から直接来た話であろう。「バークレイズはもう危ないのだが、いくら何でも7割引は勘弁してほしい。情勢が好転した時にその恩義は返すから、何とか3割引（元値の七掛けの値段）ぐらいで救済してほしい」とロスチャイルド卿が、三井住友の最高幹部たちに頼み込んだはずである。

●天下り官僚が買わされた「高利回り」の嘘

仕組み債とは、たとえば融資額30万ドル（3000万円）の住宅ローンを、500本とか1000本まとめて1本の商品に仕立て直したものだ。アメリカの諸金融機関は、これを1本3億ドル（300億円）の住宅ローン債権担保商品に作り替えて、日本の年金運用組合や地銀や生命保険会社やメガバンクにも売って回っていたのである。金利がおそらく7%や8%付いていたはずである。

日本国内で国債で運用したって年率1%しか付かない。5年もの（利付金融債）で運用しても2%も付かない。「お客様には特別の高利回りですよ」と、厚化粧のバーの女給（ホステス）が言うような嘘八百に騙されるのが人の世の常である。それよりは〝外人ホステス〟が売る仕組み債は、国内ものより利回り《イールド》がずっと高い。だからやっぱり騙されたのである。騙しの二重往復ビンタのようなものである。それをやったのが日本の元馬鹿官僚たちであり、天下り先の各業界別の年金運用団体で財務担当理事（筆頭理事）に軟着陸していた男たちだ。それが今、無様な姿をさらけ出されている。

この元馬鹿官僚たちは、財務省や総務省（旧郵政省を含む）や厚生労働省の役人だった者たちである。彼らはふんぞり返って「俺に任しておけ。立派に運用して十分儲けを出してやる。俺にはアメリカの強いバックがあるのだ」と偉そうなことを散々ほざいた。そしてこの元官僚の財務担当重役氏は、メリルリンチやモルガン・スタンレーやリーマン・ブラザーズの在日法人の幹部たちとべたべたと付き合って、へたくそな英語を誉《ほ》めあげられたりしながら、アメリカ大金融法人の「日本向け人騙し部隊」の白人幹部たちに散々脇腹をくすぐられた。

それで1本300億円の仕組み債券をポンポンと何本も買い込んだ。そして昨年の暮れあたりから、ある日突然、件《くだん》のアメリカ白人幹部たちは消えていなくなった。不安になって電話をかけたら、日本人女の秘書兼愛人の女から「ブラックウォーターさん Mr. Blackwater は、会社をお辞めになって、本国にお帰りになりました」と伝えられる。

ブラックウォーター氏に電話をかけた元馬鹿官僚は、思わず小便をちびったはずである。このような元官僚が今の日本には数千人いるのである。組合員たちの大切なお金がこのあと戻ってこなかったら、この者たちを絞首刑にすべきである。

●竹中元大臣の驚くべき発言

あの竹中平蔵元大臣（現在はパソナの特別顧問。パソナの代表は孫正義《そんまさよし》氏の子分である南部《なんぶ》靖之《やすゆき》氏）が「各国のＳＷＦ（国富ファンド）に対抗するために、日本は民営化した郵貯が積極的にアメリカ買いを行なうべきだ」と、4月にＢＳテレビ朝日の番組収録で発言したようだ。日本がさらにもっと損をしてでもアメリカに資金を貢《みつ》げ、というのである。次の竹中平蔵の発言は、文字にしても実に気持ちの悪い、ヘビの徘徊のような感じのものである。

サブプライム危機の真実　民営化した郵政はアメリカに出資せよ

竹中　サブプライム問題は新しい事象なので、全体像を把握している人は誰もいないと言ったほうが正しい。私は、アメリカ経済は長期的には強い成長力を持っていると思うんです。今回打撃を受けても、やがてどこかで金融の混乱は収まってくる。リセッションになるかもしれないけれども、ある程度回復する力は持っていると思います。

私は実は、日本のほうを心配しています。サブプライムの影響そのものは大きくない（引用者註・どこが大きくないのだ）が、円高を通して輸出産業が影響を受ける。一方で改革が進まず内需が弱い。日本をよくすることは、サブプライムとは別に考えていく必要があります。

そこで今回、「民営化された日本郵政はアメリカに出資せよ」とぜひ申し上げたい。さきほどキャピタル・クランチの話をしましたが、アメリカではここ半年くらい、俄然一つの問題が浮かび上がっているんです。アメリカの金融機関が資本を受け入れるときに、誰が出するかということです。そこで、最近のキーワード、ソブリン・ウェルス・ファンド（ＳＷＦ）があります。政府系ファンド、つまり国が持っている基金です。アメリカの金融機関がＳＷＦからお金を受け入れるケースが増えていますが、一方で、他国政府から資金を受け入れてもよいのかという問題がある。ある国が政治的な意図をもってアメリカの金融機関を乗っ取ってしまったら、アメリカ経済が影響を受けるのではという懸念も出てきています。

翻って考えると、日本にはかつてとんでもなく巨大なＳＷＦがありました。それが今の日本郵政なんです。資金量でいうと３００兆円。他のＳＷＦとは比べ物にならないほどのＳＷＦがあったんです。民営化したので、今はSWFではない。だからアメリカから見ると安心して受け入れられる、民間の資金なんです。アメリカに対しても貢献できるし、同時に日本郵政から見ても、アメリカの金融機関に出資することで、いろいろなノウハウを蓄積し、新たなビジネスへの基礎もできる。

（ダイヤモンドオンライン　２００８年４月21日）

盗人《ぬすっと》たけだけしい、とはこのことだろう。竹中平蔵は大臣の権力を使って、金融庁を手下に時価会計基準を振り回して日本の銀行や大企業（りそなやＵＦＪ、ダイエー、ミサワホームなど）を叩き潰したり外資に乗っ取らせた張本人だ。そしてアメリカ自身は前述したとおり企業の時価会計を放り投げ、アッケラカーのカーという態度である。竹中元大臣はアメリカの後ろ盾があるものだから、公職を離れたあとも未だにこんなにも居丈高である。郵貯・簡保の資金３００兆円を、この期におよんでまだアメリカに貢げ、と言っている。盗人に追い銭を与えようというのだ。

●世界を動かす骨肉の争い

右の竹中元大臣の発言を裏づけるようなことがあった。この5月に、日本郵政株式会社の西川善文《にしかわよしふみ》社長（取締役兼代表執行役社長・CEO）が逮捕されるという噂が新聞記者たちの間を駆けめぐったのだ。

それはその1カ月前に、竹中平蔵氏が西川氏に向かって「西川さん。郵貯と簡保合計300兆円すべてを使って米国債か他の米公債を買ってください」と強要したからだという。それに対して西川は横を向いて知らん顔をしたそうである。それで怒ったアメリカの日本対策班《ジャパン・ハンドラーズ》が、西川善文を逮捕させようという策動に出たのであろう。西川善文は真の愛国者である。

西川善文を守ったのは、母体の三井住友銀行ごときではない。この三井住友銀行の実質筆頭株主であり、デイヴィッドの甥《おい》のジェイ・ロックフェラー（ゴールドマン・サックスのオーナー）である。ジェイは自分の叔父《おじ》であるデイヴィッドとの闘いにおいて容赦がない。徹底的に最後までシティバンクをたたきのめすところまで行くだろう。叔父と甥の相続争いが、今の世界を揺るがしている対立構造なのである。

経営者や資産家なら分かると思うが、中小企業にとっての最大の争いは骨肉の相続争いである場合が多い。東京地方裁判所の民事33、34、35部は会社法に基づく企業の争いを扱っている。表面上は企業の経営に関する、あれこれの複雑な法律手続きである。しかし本当のところは、大きくなってしまった中堅企業の経営権をめぐる一族の間の争いなのである。相続財産をめぐる親子・兄弟・甥と叔父の争いほど熾烈《しれつ》で苛酷なものはない。

〝世界皇帝〟デイヴィッド（ダビデ様）は、次の世界皇帝となるジェイ・ロックフェラーとは叔父と甥の関係である。デイヴィッドはロックフェラー2世の五男坊である。それに対してジェイは、ロックフェラー1世以来の正統の嫡男《ちゃくなん》（長男坊）である。だから4世なのである。そしてこの叔父・甥の骨肉の争いの勝利者は、今やはっきりとジェイ・ロックフェラーに軍配が上がりつつある。

●8月、ドルと株価が上がった理由

2008年の8月、株は暴落せず株価は上がった。為替もドル高（1ドル＝110円）のほうに動いた。原油は1バレル110ドル台に値下がりし、金も1オンス（31グラム）850ドルにまで下がった。その理由は、アメリカ政府が「株式の空売りの規制（禁止）」を行政命令として発動したからだ。

この「株の空売り規制」は、金融先物市場での空売りや、原油・金などでの空売り、為替（FX）取引での空売り（プット・オプションを立てる）の禁止まで、実際上はどんどん広がりつつある。金融市場への政府の統制（コントロール）が始まったのである。

その他に、市場では実際にはもう値が付かなくなったモーゲージ債（サブプライム関連証券化商品、RMBSやCDO）類を、FRBと米財務省が表面額面（フェイス・バリュー）のままの値段で担保として引き受けて（買い取って）、それに対して同額の米国債を引き換えに渡す（売る）ことをやっている。そうやって今にも破綻しそうな民間銀行や証券会社が、それらの信用劣化した債券類を決算からオフバランス化（簿外化《ぼがい》）している。

あるいは、これもFRBと税財務省の後押しで、誰も買い手がつかなくなって売れ残ってまだ保有しているこれらのモーゲージ仕組み債を、何とか「レベル3」資産として設定して――これをSECや財務省が黙認することで――これも実質的にオフバランス化しつつある。こういう汚い手口を使って、アメリカの大銀行や証券会社は損失を隠し続けている。アメリカとイギリスで、この4月中旬の決算発表の時にこれを行なった。だから、米ドルと株式の暴落は起きなかったのだ。

今の各国の中央銀行は、自分たちが抱えている目の前の巨大な信用危機《クレジット・クライシス》を、単純に帳面上の数値や机上の理論で何とか回避しようとしている。だがそれでも、さらなる崩壊は避けられない。今の事態は金融バクチに喩《たと》えてみると、アメリカという国家そのものが信用取引をして、しかもハイ・レバレッジでそれをやって大損を出して、追証《おいしょう》（担保金の積み増し）を迫られている状態である。

現在は追証を払うために、どこかから借り増ししているという状態である。だから、サラ金の多重債務者のようになっているということでもある。アメリカのこの借金地獄ぶりはどう見ても、もう末期症状である。これを各国が協調で何とかしようとしている。が、傲慢なアメリカが「助けてほしい」と頭を下げようとしない。どこの国もすでに抱えている負債額（清算すべき金額）がものすごい額なのである。それでポールソンとバーナンキは、「いよいよ来るべきものが来つつある」と身構えている。その時のために自分たちは雇《やと》われているのだ、と思っている。もし、それらの取引を決済してしまうと、借金だけが巨額に残ることになる。

アメリカは、土地、住宅価格を上がるところまで上げておいて、それを担保にして限界的な金額までアメリカ国民に借り入れさせ、それで株や不動産のバクチに興じさせた。この事態をまともな頭で考えれば、しまいには大きな破綻がアメリカを襲うことは明白だろう。中央銀行と国家そのものを破綻させて、債務不履行（デフォールト）にして、そしてそのあと破産法に基づく破産団体にする。あるいは民事再生法で、対外的な（外国からの投資金などの）債権（負債額）をすべてチャラにする気だろう。

すべての対外的な借金を無理やり棒引きさせて、国家の財政を立て直す。そのためには米ドルを3分の1とかに暴落（切り下げ）させてもかまわない、という手に出るだろう。このあと次々に、何が必然的に起こるのかを、私たちは順番に、理詰めで考えてゆかねばならない。

●「減損処理10分の1ルール」とは何か

日本は「バブルがはじけた」１９９３年から２００５年3月までの12年で１００兆円を処理したと言われている。無理やり損切りさせられて、血が噴き出す痛みに耐えて、どこの銀行も貸付先をたたき潰して殺して乗っ取って処理をした。融資のカタに担保で取っていた工場とか建物をさらに処分したりして、銀行自身の貸し付け分を回収する。それでも回収しきれないで銀行が損をかぶった。

この実損をかぶってでも償却（ライト・オフ）した本当の償却額、すなわち厳密に減損処理したお金が、100兆円だったのである。文字どおり血が噴き出るような痛みだったろう。潰された30万社ぐらいの企業経営者たちのうめき声が聞こえてくる。処理した融資残高や信用残高で言えば、その15倍の1500兆円と言われている。もしかしたら総額で2000兆円ぐらい償却したのではないか。少なく見ても100兆円の10倍（1000兆円）はあったはずである。

ここで、石原慎太郎《いしはらしんたろう》東京都知事が旗を振って、1000億円の資金で2004年に作った新銀行東京の末路のことに触れなければならない。新銀行東京は、今年2008年3月に融資の焦げ付きで問題が表面化した。このあとひともんちゃくあったあと、400億円の追加資金を東京都が出すことで表面上は決着した。実態はすでに倒産している。

石原慎太郎がこの時見せた都議会答弁の姿で、既に耄碌《もうろく》老人（シーナイル）になっていることが露呈した。それでも彼の責任は追及されなかった。石原慎太郎という人物の大きさの故《ゆえ》だろう。本当の本当は〝世界皇帝〟デイヴィッド・ロックフェラーのお墨付き（保証）で政治家を続けていられるだけなのだが。

新銀行東京の預金残高（2007年9月）は4500億円で、貸付残高（銀行にとっての資産）は2200億円である。累積赤字が936億円にまでふくらんでいた。一挙に潰して（清算して）しまうと1000億円の実損を東京都がかぶることになる。それで、400億円の追加資金（都の税収入から）を投入することで貸し倒れ等の累積を何とか圧縮記帳と減損処理で達成できるものであるらしい。だから、本当に抱えていた累積損金は、10倍の4000億円あったのだろう。ここで、負債総額の10分の1の真水《まみず》の資金を注入すれば破綻した銀行を救済できるのだ、という法則のようなものに気づくのである。

●シティ、メリル、モルスタも消える

今回のアメリカが抱えた危機は、かつて日本が不良債権処理した規模の10倍ぐらいだろう。だから1000兆円（10兆ドル）ぐらいをどうしても実際の痛みとして、実額（実損）として処理していかなければいけない。契約残高でその20倍だとすると、2京《けい》円（200兆ドル）のお金が融資残高とか保険の契約残高で、金融デリバティブ商品としての取引残高になっている。総計で8〜10京円のお金があぶくのかたちで地球上に漂《ただよ》っている。これを消し去るには、実需・実態ベースでその80分の1である1000兆円のお金を、本当に減損処理しなければいけない。その痛みをアメリカは今から味わうのである。

そのためには、まず大手の証券会社やメガバンク自身が破綻処理されなければいけな

い。すなわち吸収合併される。アメリカでこれから30社ぐらい、大銀行、大証券会社、生命保険会社、損害保険会社が潰れるだろう。ヨーロッパでも20社ぐらいが今からまだまだ潰れていくだろう。

もっとはっきり書こう。巨大銀行のシティグループ（シティバンク）はあと3年で潰れる。証券会社最大手のメリルリンチも、リーマン・ブラザーズもモルガン・スタンレーも来年、再来年までには消えてなくなる。生き残るのはゴールドマン・サックスとJPモルガン・チェースとウェルズ・ファーゴ銀行などであろう。バンク・オブ・アメリカはかろうじて生き残るだろう。クレジット・カード大手で言えば、VISAとアメックス、ダイナース、マスターカードの大手4社は生き残るだろうが、それ以外は危ないものである。

メリルリンチとモルガン・スタンレー、リーマン・ブラザーズは自分自身がすでに大きな手負い狼になってしまっている。各々が保有資金で3兆円、5兆円の含み損（表に出せない損）を抱え込んでいる。その損を一気に取り戻そうとして、原油市場などで大バクチをやったらしい。商品（コモディティ）。貴金属、石油など）の先物市場に資金が流れ込んで、大きなバクチ相場を張った。メリルリンチとリーマン・ブラザーズがこの大バクチに失敗したようだ。NYMEX《ナイメックス》の原油先物市場で、自社が石油トレーダーのふりをした取引までやっていたのだが、その資格もすでに取り上げられて、いよいよ最後のあがきをしているようだ。

そして、やがてふたたび「連鎖する大暴落」が襲いかかってくる。

5章

恐るべき統制経済

——ネオ・コーポラティズムとは何か

●世界は警察国家へ移行する

ロシアの勢いには目を瞠《みは》るものがある。ロシアのプーチン首相（前大統領）は、強権発動型の新たな国家思想をつくることに熱心になっている。この思想は、〝イル・ドゥーチェ〟と呼ばれたイタリアのムッソリーニ首相がつくって自ら体現したものだ。それは「ネオ・コーポラティズム」とも呼ばれる、独裁者管理型国家である。

これが元祖ファシズムである。同様に世界中が金融ファシズム体制、あるいは官僚統制ファシズム（警察国家）への政治体制の移行という問題が厳然として出てきた。これは私が2003年に書いた『預金封鎖』の実現である。

この他に私は『老人税』という本も2004年に書いた。厚生労働省は75歳から上の老人を切り捨てて、病院から追い出そうとしている。老人をもう医者にかかれなくした。かつ年収200万円くらいしかない年金収入から、一人あたり月に7500円くらい（夫婦合わせて1万5000円くらい）を毎月強制徴収（自動天引き）するということをやった。これはまさしく老人税の実現なのである。

健康保険料と言うが、保険料というのは本当は保険税ということであって、強制取り立ての税金である。自民党政権が崩壊するほどの怒りが老人たちの中から一気に起こった。

福田政権は急いで見直しをして、年収２００万円以下の貧しい老人たちからは強制徴収をしないことに制度を変えた。

預金封鎖というのは、大恐慌に突入する寸前で、何十本もの法律を一気に改正して、金融統制あるいは金融ファシズム体制に突入していくことである。この流れがどうしても見えてきた。まずアメリカでドルの切り下げ発表による、ドル紙幣の通用力の消失、すなわちドルの紙切れ化が起こる。世界中に退蔵・蓄蔵されている汚い10ドル、20ドル、１００ドル紙幣（お札）が実質的に使えなくなるという事態として現われる。アメリカは新札への切り替えをやるだろう。世界中でドル紙幣をため込んでいる人々のドルの紙切れ化が起きる。

ドルが大下落するということは、アメリカは対外的な借金をチャラにできるということだ。日本はドル建てで6兆ドル（６００兆円）も貸し込んでいるから、ドルが半減すればアメリカの日本に対する借金の負担は実質的に半分に減るということである。だから当然この流れが起きるのである。アメリカとしては、日本（政府と大企業と個人の三種類）が買い込んでいる米国債と地方債と住宅公社債等の負担を、ドルの切り下げで半分に軽減できる。それだけでも一種の損切りであり、実質的な負担の軽減なのである。

同時にドル建ての預金の引き出し制限が始まる。日本で言えば、一人につき1カ月に1回、500万円までしか下ろせなくなる。生活費の分しか下ろさせなくするという金融統制体制に突入する。アメリカでは1カ月に一人5万ドルしか下ろせないという体制に移行するだろう。それが数年後の現実としてせり上がってきている。

●バーナンキFRB議長は日本の恐慌の研究家

この政府・官僚主導の統制経済（コントロールド・エコノミー）の手法を多用するコーポラティズム、あるいはネオ・コーポラティズム Neo-Corporatism という政治概念は、欧米の政治学や政治思想においては非常に重要なものだ。ところが、日本の知識人階級にはほとんど理解されていない。

日本の知識人階級は、このコーポラティズムのことを「後進国の開発独裁型《かいはつどくさい》の体制」などと理解してきた。明るい面から見れば、徹底した政府主導による高度産業社会の構築を目指すものだと理解されている。それは現在の中国やロシアのような、強力な政府主導による、ややもすると独裁体制そのものの市場監視と各産業部門の誘導・育成のやり方のことだ。

「開発独裁」は、以前は韓国や台湾、マレーシアといったアジア諸国で、日本に遅れて1980年代から経済発展を成し遂げた国々に見られた。朴正煕（パク・チョンヒ）や李登輝（リー・トンホイ）やマハティール・ビン・モハマドらのような優れた独裁者型の指導者の出現によって、国民生活を豊かにするために計画的に資源の配分を行ない、効率よく急成長を目指した体制だ。

政治主導による経済成長であり、国家独占資本主義とも呼べそうな政治経済体制を指すことが多かった。それは1991年のソビエト崩壊以降の東欧や、中南米諸国でも見られたものだ。優秀な独裁者の統治下で計画的に資源と人材を分配して経済発展を目指したのであり、この20年間の中国に見られたように、後発資本主義諸国《ニューリィ・ディベロップド・カントリーズ》（最近は「新興国」という）で経済発展に成功している。

この政治体制の問題点は、国家（公共部門）が民間部門や個人にどこまで干渉できるのかということである。どうしてもこの問題に行き着く。例えば1933年から始まったドイツのナチス独裁政権は、ヒャルマー・シャハト経済相の下で積極的に軍需産業を興隆させることで大不況を乗り切っていった。これはケインズ経済学を先取りしたものであり、日本では田中《たなか》義一《ぎいち》、犬養毅《いぬかいつよし》内閣で高橋是清《たかはしこれきよ》蔵相がシャハトと同様の政策を実践して19

30（昭和5）年からの「昭和恐慌」を乗り切っている。

ただし、こうした体制を是認すると、政治的な民主政治体制《デモクラシー》と、経済的な資本主義・市場経済体制の基盤である自由主義と個人主義を前提にした秩序に対して大きな破壊行動をもたらさずにはおかない。シャハトや高橋是清の手法が、アメリカでさかんに研究されてきた。誰あろう、ベンジャミン・バーナンキFRB《エフアールビー》議長こそは、「日本の昭和恐慌と高橋是清の経済政策」の研究家なのである。彼にはその論文がある。これから、いよいよアメリカだけでなく世界が大不況に突入し、世界恐慌にまで至ろうとする事態に備えて、計画的に育成されて投入された人材が、まさしくベン・バーナンキなのである。

彼は、6年前から〝ヘリコプター・ベン〟の異名を取って、「いざと言う時には、どれだけでも無際限にドルと米国債を金融市場に供給する」ことのために、登用された特殊な人材なのである。まさしく、「ウォー・ジェネラル」（war general 戦争将軍）なのであり、本当の実戦用の、非情で狂気の司令官として密かに育成された人物なのである。平和で平時の時にしか通用しないボンクラ人材とは根本から異なるのである。ベン・バーナンキがアメリカで、ネオ・コーポラティズムの強制的な統制経済の強硬な金融政策（個々の法律違反。あるいは憲法違反の恐れがある）をこれから実施してゆくのである。

世界各国のGDP比較（2007年）

国名		GDP	世界全体に占める比率
アメリカ合衆国		14兆ドル	25.0%
EU	ドイツ	3.3兆ドル	6.1%
	イギリス	2.7兆ドル	5.0%
	フランス	2.5兆ドル	4.6%
	イタリア	2.1兆ドル	3.9%
	その他	………	………
	（EU全体）	（18.6兆ドル）	33.0%
日本		**4.3兆ドル**	**7.7%**
中国		3.3兆ドル	6.0%
韓国		0.9兆ドル	1.7%
カナダ		1.4兆ドル	2.6%
ブラジル		1.3兆ドル	2.4%
ロシア		1.3兆ドル	2.4%
オーストラリア		0.9兆ドル	1.7%
その他の国々		………	………
世界合計		**56兆ドル**	**100.0%**

2008年6月発表のOECD資料、IMF資料、世界銀行資料、CIAワールド・ファクト・ブックなどをもとに、副島隆彦が概算値を推計し直して作成した。

●ニューディール政策の再現

アメリカではこのような統制的な金融・経済の調節手法は、「軍事ケインズ主義（ミリタリスティック・キーンジアニズム militaristic Keynesianism ）」とか、「ウォールストリート社会主義（ Wall Street Socialism ）」と呼ばれたりもする。頻発するようになった経営危機に陥った大銀行や証券会社に対して、公的資金を一挙的に注入することで金融不安やシステミック・リスク（金融制度の危機）を回避するという荒っぽい手法が、その手始めである。

これに対して、「どうして個別の企業や経営者を救済するのか。経営に失敗したのは自分の責任だから、倒産（破産）させることで責任をとらせる。この自己責任を徹底せよ。政府や役所がいらぬ干渉をするな。それが資本主義と個人主義のルール（原理）だ」といった批判が当然起きる。

今や政府（お上《かみ》）による強制的な「借金帳消し」である「棄損令《きえんれい》」や「徳政令《とくせいれい》」までが画策されている。こうしたこともすべてネオ・コーポラティズムの実現である。まさに、1929年10月からの大恐慌の突入後に生まれたフランクリン・D・ルーズベルト政権が推進したニューディール政策であり、社会主義的な政策に他ならない。このニューディール政策の国家統制に対して、多くの企業家や資産家から「それは憲法違反だ」とする裁判が提起された。訴えた者たちは裁判に勝つことは勝った。それでも、実際には戦争体制への突入ということもあって、国家の金融統制の手段に押さえ込まれていった。

この6月7日にようやくのことで選挙戦からの撤退声明（敗北宣言）を出して、皆をあきれ返らせたヒラリー・クリントン上院議員は、まさしくこうしたネオ・コーポラティズム（統制国家的な政策）を実施することを表明してきた。これに対し、大統領に就任することになるバラク・オバマ上院議員は、まだ態度をはっきりさせていないものの、国家財政資金を一挙に投入して大不況に対処する政策を実施する方向に現実的にはなってゆくことを認めつつある。

彼はニューディール政策をほうふつとさせる大規模な公共事業を実施すると言われている。これが「個人財産権の不可侵」という根本的な憲法の大原則を軽視することにまではオバマはまだ踏み込んでいない。その態度をはっきりさせていない。かつてのルーズベルト政権は、実際のところこうした政策に踏み切ったことで多くの訴訟を起こされた。裁判ではほとんど敗れている。ところが、1938年から世界が非常時の戦時経済（ウォー・タイム・エコノミー）体制に突入したので、かなり違法なことまでが正当化された。人々の声は圧殺されていったというのが実情である。

このような統制経済（コントロールド・エコノミー）の体制に移行することを許してはならない。それは〝いつか来た道〟の金融恐慌（昭和2年。台湾銀行をはじめ銀行が60行も破綻した）、昭和恐慌（昭和5年から8年）が起き、ファシズムへの道なのである。「非常時なのだから仕方がない」といった論理で、国家権力が個人の財産権や人権（国民の自由の権利）にまで統制を加え、法律の力で奪い取ってゆく体制に雪崩を打つことを許してはいけない。

その最たるものが、現在も日銀が持っている「通貨発行権」（日銀法第46条）である。日本政府もいざとなったら、アメリカ政府に脅されながら日銀を脅して、自由にどれだけでも通貨発行を限りなく行なうだろう。お札用の輪転機をフル回転で回して市中に紙幣をじゃぶじゃぶと供給する。金融不安を払拭するという名目で行なう。まるで〝博打場〟の〝胴元〟のように振る舞う。破綻の噂が広がって取りつけ騒ぎが起きた銀行に、6トントラックで日銀が「見せ金」のお札の山を運び込む。そして「安心してください。預金の引き出しにはすべて応じます。お金はいくらでもあります」とやるだろう。

こうして資金を無限に供給すると、やがて市場経済から復讐を受ける。表面上は、自由

「オバマ大統領」は恐慌時代に
どう対処するのか

2008年7月26日、ベルリンで演説するバラク・オバマ上院議員。次期大統領となる彼はドル切り下げを宣言するだろう。

写真／ロイター＝共同

主義の経済体制は崩壊していないことにするのだろう。そのようにとりつくろいつつ、国民を洗脳状態に置いたままで、実際は強硬な統制経済《ネオ・コーポラティズム》国家に移行する。大恐慌に至る前夜に、緊急避難的に強引に多くの法律を一気に変更（法改正）してしまうだろう。そうやって「預金封鎖体制」になり、預金の引き出し制限と新札切り替え（今も24兆円あるとされる退蔵紙幣＝タンス預金のあぶり出し）を緊急に行なうだろう。国民すべてに対する徹底的な資産監視が行なわれるようになるだろう。

●これから金融庁が日本国民を統制する

今や現に、銀行のＡＴＭ（自動預払機）ではたったの10万円しか送金できなくなった。さらには１００万円以上の商品の売買には、すべて証明書の添付を義務づける法律も俎上に上っている。１回に現金で５００万円も下ろそうものなら、「何にお使いになるのですか」と窓口の銀行員にいちいち尋ねさせて、金融庁に届けさせるという態勢にすでに入っている。自分のお金を何に使おうが自分の勝手だ。それを国家・役人どもが、公然と国民生活に介入してきている。それは憲法違反の恐るべき人権侵害（日本国憲法13条「個人の尊重」＝私生活の秘密＝プライバシーの権利違反）なのである。こういうことを、官僚（高級公務員）たちが、下級公務員に教育することさえなくなっている。まさに恐るべき金融統制体制への突入〝前夜〟と言える状況だ。

1929年の大恐慌（ザ・グレイト・ディプレッション）の事態を10倍する巨大な金融恐慌が世界を覆うのに、まるで何も起きていないかのようなふりをする。再度書くが、そのためにアメリカが10年前から日本に強制して金融庁というおかしな役所をつくったのである。現代のゲシュタポである。ゲハイム・シュタートポリツァイ（Geheime Staatspolizei ドイツナチス政権の時の国家秘密警察）である。

ゲシュタポは多くのフランス愛国者を殺戮した。反ナチス抵抗運動《レジスタンス》をするフランスの人々を、捕まえては拷問にかけて殺した残忍な組織である。まさしく金融庁はアメリカのグローバリストたちが大恐慌突入を見越して着々と飼育して育てた現代の特高《とっこう》警察である。この恐るべき真実を私たちは片時もおろそかにしてはなるまい。

なぜ金融の検査機関である金融庁が、政治警察（思想警察《ソート・ポリス》）なのかと不思議に思う人もいるだろう。だが現在では政治思想の弾圧などというものは、表面上はあり得ないことに世界基準でなっている。だからこそ、お金の取り扱いという私たちの生活にきわめて重要な場面で、国民の自由を奪い取る。そのための実質的な弾圧機関として金融庁が存在するのである。

日本には財務省（旧大蔵省）があるのに、ここから金融検査部門を奪い取り、財務省をすっかり訳の分からない弱小官庁にしてしまった。日銀にも考査局というきちんとした検査部署があった。今の財務省は全国税務署の親分に成り下がりつつある。財務省は総務省（戦前の内務省。〝国家の神経〟と言われた。敗戦時に解体されて自治省、厚生省、消防庁などになった）との権限争いをしているだけの、頓馬《とんま》な官庁になりつつある。予算編成権などでも実権を奪われ始めていて、正体不明の弱小官庁になりつつある。それにひきかえ金融庁が、国民生活のすべてのお金の動きに監視の目を光らせる怖ろしい政治警察であることが徐々に判明しつつある。

●「よりよい規制」とは何ごとか

金融（監督）庁は、旧大蔵官僚たちを内部から分裂させる形で1998年からできた奇怪な組織だ。「金融システムを安定させるために」の標語で金融業界を統制・監督・監視するための組織だ。「アメリカが指揮し発令する日本改革」の主要目標のひとつである。

小泉・竹中の郵政〝クーデター〟民営化法が2005年の10月に成立した勢いを駆って、

アメリカは金融庁を使った日本の金融支配をさらに加速させた。２００７年９月から金融商品取引法の実施が始まった。

１９９８年10月に成立した規制撤廃（デレギュレーション）の掛け声から始まった、金融自由化（という名の統制）で、外為法《がいためほう》が大改正されて、ハゲタカ外資による日本の銀行、証券、生保、そしてその他の大企業の乗っ取りが激しく実行された。その露払いの首切り役人の役目を、金融庁に移って結集した裏切り者（反愛国者）の官僚たちが半ば無自覚で果たしてきた。

２００６年６月に成立した改正金融商品取引法（通称「金商《きんしょう》法」。従来の証券取引業法などがひとまとめにされた。その後も改正が続き、最終改正は２００８年６月）では、民間企業の集まりである金融業界へ金融庁による規制強化が一段とひどくなっている。「ベター・レギュレーション」やら、「14個のプリンシプル」なる、いかにもアメリカ（の財務省や商務省）の日本操《あやつ》り対策班が作ったコトバが並んでいる。規制撤廃のはずだったのが、今は「よりよい規制」とか、「個別の法律の根拠なしで（正直な態度で、役人の自主的判断で、すなわち官僚の自由な裁量で）どんどん金融業界に規制と統制を加えることができる」という法律になっている。今や恐るべきゲシュタポ集団である。金融庁は各業種の金融法人に対してだけでなく、私たち国民にも牙《きば》をむいて、「お金についての生活統制」を今後仕掛けてくるだろう。

金融庁の定員は、10年前の発足当時の3倍に増えて1300人になっている。アメリカのSEC（証券取引委員会）が真の親分であり育ての親だ。他の官庁は行政改革の方針に従い定員が減らされているのに、金融庁と国税庁と警察庁だけは〝危険な時代〟を先取りするように増員が続いている。

ここで働いている連中は、前の大蔵官僚のような人たちではない。公認会計士をやっていて民間企業で働いていたり、検察官上がりのような人たち、あるいは日本の民間の銀行や保険会社にいたような会計実務のプロだった人々が、個別にリクルートされて雇われている。アメリカのCIAのような国家機関である。金融機関や企業の帳簿を細かく見て、いちゃもんやケチをつけることを無上の喜びとするサディストの体質をした人間たちの集まりだ。

●私たちは見張られている

金融庁（現在の長官は佐藤隆文《さとうたかふみ》。前は五味廣文《ごみひろふみ》）は、2005年4月から始まった「ペイオフの解禁・実施」（倒産銀行の預金の1000万円以上は国は返済保証しないという制度）」に合わせて「名寄《なよ》せの整備」（国民一人ひとりの資産を捕捉・監視する行動）を公言してきた。

国民とくに資産家、経営者層の個人金融資産を、すべて一元的にコンピュータで管理して把握（捕捉）するのが、監督庁として当然の行為だ、という感覚である。住民基本台帳ネットワーク法と、それを補完するために作られた個人情報保護法（という名の、本当は個人情報国家管理法）を作って、これで銀行の預金口座の名寄せ（資産捕捉）を徹底しようとしているのである。

この**ゲシュタポ・金融庁**の動きに対して、私たち国民は、日本国憲法の定める国民の諸自由（諸人権）の規定で、今からもっともっと闘わなければならない。大恐慌突入とともに私たちに襲いかかってこようとしている、アメリカの手先の金融庁という名の特高《とっこう》金融警察を、解体・消滅させなければならない。

“Big brother is watching.”「ビッグ・ブラザー・イズ・ウォッチング」という重要な英文がある。これは「あなたたち国民の支配者が、いつでもあなたたちの行動を監視しているからありがたく思え」という、ぞっとするような光景を表わしているコトバである。

このコトバは、イギリスの社会主義者で優れた思想家であるジョージ・オーウェルが、その著作『1984年』という人類の未来社会を警告した小説で使った。

私たちは、これからは駅や街路で24時間、監視カメラで見張られ、銀行のATMでお金を送金したり引き出したりしたら、すべて映像記録をとられるという怖ろしい官僚制監視社会（警察国家《ポリス・ステイト》）で生きることを強制されようとしているのである。私たちは何としても、この邪悪なる動きを阻止しなければならない。国民の自由の諸権利が奪われるようなら、それこそ元も子もないのである。

●日本の「金融ファシズム法」

J－SOX《ジェイソックス》法という危険な法律が施行された。株式上場する企業は、以後は自社の取引のすべてを記録に残せという怖ろしい法律が2008年4月から始まった。

日本版SOX法とは何か

相次ぐ会計不祥事やコンプライアンス（引用者註。これは「法令遵守《じゅんしゅ》」などと訳されるが、本当は役人への追従《ついしょう》、おべっかのこと）の欠如などを防止するため、米国のサーベンス・オクスリー法（略してSOX法）に倣《なら》って整備された日本の法規制のこと。上場企業およびその連結子会社に、会計監査制度の充実と企業の内部統制強化を求めている。「日本版SOX法」という呼び名は俗称で、実際には証券取引法の抜本改正である「金融商品取引法」（引用者註。略して「金取法」）の一部規定がこれに該当する。同法では第24条の4の4で次のように定めている。「有価証券報告書を提出しなければならない会社のうち、金融商品取引所に上場している有価証券の発行者である会社その他の政令で定めるものは、事業年度ごとに、当該会社の属する企業集団及び当該会社に係る財務計算に関する書類その他の情報の適正性を確保するために必要な体制について評価した報告書（内部統制報告書）を有価証券報告書と併せて内閣総理大臣に提出しなければならないこととする。また、内部統制報告書には、公認会計士又は監査法人の監査証明を受けなければならないこととする」と定められた。

（Wikipediaから引用した）

この「J－SOX法」は文字どおり金融ファシズム法である。国民の金融秩序に対して仕掛けられた殺し屋部隊の謀略のようなものである。ここまで来ると、もう自由主義経済とか市場原理などという言葉はかなぐり捨てられてしまう。自由企業制（フリー・エンタープライズ・システム）という憲法の理念が殺されてしまう。経営は自己責任であり、経営に失敗した企業は倒産（破産）すればいいのである。政府や役所（官僚）が助けてくれるふりをしてはいけない。「金融システムの安定」というコトバで、銀行たちを倒産させないで、最終的には全金融機関を国有化するようなかたちにもっていくだろう。

●「タンス株」が召し上げられる

もう一つ懸念されるのが「保管振替《ほかんふりかえ》制度」が成立したことだ。1991年10月から「株券等の保管及び振替に関する法律」（保振法）に基づき実施されている制度で、略称して「ほふり」という。今や、この保振（ほふり）に強制的に完全に移行した。

株券などの有価証券を、「実質株主届出書」なるものを提出させて、すべて証券会社を経由して保管振替機関（「株式会社証券保管振替機構」という。形の上では民間企業だが社長は元大蔵官僚で、実質的には国の機関）に集中保管させる。引渡しや売買を現物の株券ではなく、帳簿上の記載だけで行なう制度である。

この「ほふり」によってデジタル・マネー化が急激に進み、今や株券そのものがまったく発行されなくなった。それだけでなく「個人向け国債」も券面がまったく発行されなくなった。つまり個人向け国債を買うということは、通帳に金額が並ぶだけのことだ。だから、それは国債などというものではなくて、〝国家預金〟をしているということである。「国に自分の大切なお金を預かってもらっているから安心だ、安全だ」と考える人はそのように思えばいい。そういう人には私は何も言わない。勝手に国を信じて自分の財産を奪い取られてゆくがいいのだ。自業自得だ。まさに「地獄への道は善意（お人好しの考え）で敷き詰められている」のである。

この保振制度（株券の電子化）について、金融庁のホームページから抜粋して載せる。2009年1月にはすべての上場企業の株式が電子化されて、これまでの株券は紙切れになると書いてある。

株券電子化についてQ＆A

Q. 株券電子化とは、どういうことですか？

株券電子化（株式のペーパーレス化）とは、「社債、株式等の振替に関する法律（以下「社債株式等振替法」という）」により、上場会社の株式等に係る株券をすべて廃止し、株券の存在を前提として行われてきた株主権の管理を、証券保管振替機構及び証券会社等の金融機関に開設された口座において電子的に行うこととするものです。

Q．株券電子化はいつから実施されるのですか？

株券電子化は、平成16年6月から5年を超えない範囲、すなわち、平成21年6月までには実施することとされております。具体的には、平成21年1月実施を目標として準備が進められています。

Q．株券電子化で株主は何をしたらよいのですか？

自宅や貸金庫などご自身で管理されている株券、いわゆる「タンス株券」については、移行日における株主名簿上の株主の名義で、発行会社により設定される「特別口座」において管理されることになります。（註・この日以降は）株券電子化の実施により株式の権利を表章するという株券の効力は無効となります。

Q．いわゆる「タンス株券」というのは違法なのですか？

いわゆる「タンス株券」は、株券の存在を前提とする現行制度において、当然に行い得る株券保管方法であり違法ではありません。しかしながら、株券電子化が実施されると株券は無効となり、株主名簿上の株主の名義で、発行会社により設定される「特別口座」において株式が管理されることになります。

（金融庁のホームページから）

このようにして、国民が自分で保管している「タンス株式」はじわじわと追いつめられている。「別に違法ではないですよ」と言いながら、実際上は違法にしてしまうという汚い手口を使ってくる。

金融庁は「株券電子化のメリット」として、以下のようなことを挙げている。

①株主が株券の紛失や盗難や偽造の防止ができる。②企業も偽造株券かどうかのチェックをする手間が省ける。③株式発行の時に印紙代がかからない。④企業合併や株式交換の時も株券の回収などのコストが減る。⑤証券会社が株券を保管する際のコストが削減される。

このような見えすいた国民騙しの手口は、いかにも金融庁が現代のゲシュタポであることを表わしている。私は証券保管振替機構に直接、電話を入れて尋ねてみた。例えば私が持っている株券を「ほふり」制度に従って預託《よたく》したとしよう。そして私がその株券を担保に差し出して銀行から融資を受けたいとする。その場合、証券保管振替機構は、何らかの証明書を発行してくれるのかということだ。

私　株式を担保にして銀行から融資を受けたい場合、御社では預託した株式分の証明書のようなものを発行してくれるのですか。

機構　いえ、私どもではそのようなことはいたしません。

私　それはどうしてですか。

機構　私どもは一般の投資家の方々ではなく、証券会社との間で株式の保管管理をする形をとっています。例えば野村證券がトヨタ株を何株、というように把握しておりまして、個人の方が何をいくらお持ちなのかを知る立場にないのです。

私　それでは、私たち国民はどうしたらいいのですか。

機構　証券会社にお尋ねいただければ、何らかの証明書を発行されると思います。

私　それで「ほふり」に預けた私の株式を担保にして、従来と同じように銀行から融資が受けられるのですね。

機構　それはどうでしょうか。証券会社にもよると思いますし、また金融機関の審査もあるでしょうから、証券会社の出した証明書がそのまま担保証明になるかどうかは分かりません。

私　しかし実際に、株式を担保に融資を受ける個人投資家は現在もたくさんいるでしょう。

機構　そのような方々は、株券を実際に（証券会社を介して「ほふり」から）引き出していらっしゃるようです。

なにをか言わんや、である。この株券のデジタル・マネー化以後は、もう株券の担保活用というのはできなくさせようというのである。

株券や国債は、それを他に担保に差し出すことで、いわば〝第二のマネー〟として機能してきたものだ。今後はそうしたことができなくなるということだ。中小企業金融公庫ではそれをできるようにすると公言しているが、どこまで信じていいか分からない。恐るべき金融統制経済の手法が私たちに迫っている。

郵便はがき

料金受取人払郵便

高輪局承認

7598

差出有効期間
平成21年9月
30日まで
（切手不要）

108-8790

612

（受取人）
東京都港区港南2-13-34
NSS-Ⅱビル10F
株式会社 船井ビジョンクリエイツ 行

申込年月日　　年　月　日

フリガナ お申込者お名前	姓	名	性別	男・女	年齢	歳
TEL	－　－	携帯電話	－　－			
FAX	－　－					
Eメール	@					
お届け先	□□□-□□□□ □自宅　□勤務先					
フリガナ 会社名						
お申込み内容	□ 11／29（土）「第6回副島塾」に参加する □ 今後のセミナー案内を希望する □ （株）船井ビジョンクリエイツ 事業内容案内を希望する					

※お客様のお名前・ご住所などの情報は、プレゼントやダイレクトメールのお届け・送付など弊社の営業活動に限って使用させていただきます。情報の訂正が必要な場合、またはダイレクトメール等が不要な場合には下記までご連絡お願いいたします。

お問合せは、（株）船井ビジョンクリエイツ　〒108-0075 東京都港区港南2-13-34 NSS-Ⅱビル10階
TEL:03-5769-3282　FAX:03-5463-6037

6章

恐慌に立ち向かう日本

●なぜ原油価格は下落したのか

7月19日にジュネーブで開かれた核保安会議で、仲介役のEUが提案した「イランが核兵器開発を中止する（プルトニウムの濃縮精錬作業を中止する）見返りとして欧米が経済支援する」という和解案に、アメリカのバーンズ国務次官とイランのジャリリ事務局長がそれなりの合意をしたようである。この直後から原油の値上がりが止まった。

1バレル147ドルにまで跳ね上がっていたニューヨークの原油（WTI《ダブリユテイーアイ》原油）価格が110ドル台にまで下落した。それは中東での新たな戦争を意味するイランの核関連施設へのアメリカの爆撃がなくなったことがはっきりしたからだ。

イランへの攻撃計画が伝えられるイスラエルだが、イスラエル独自の空軍の力では、ナタンツ他のイランの秘密核開発施設を爆撃しても自力で帰ってこられない。イスラエルの爆撃機はアブダビかカタールとかの飛行場に一時着陸しないと、そのままイスラエルまで戻れない。米軍の支援がなければイスラエルはイラン爆撃をできないのだ。ましてイスラエルがイラン攻撃を実行してしまうと、中東全体でいよいよイスラエルは存亡の危機に直面する。アメリカとしては、やらせるわけにはいかないという態度になる。

2年前の9月からはっきりしていたことだが、イランのアフマディネジャド大統領と、

原油価格（ニューヨークWTI原油）の推移

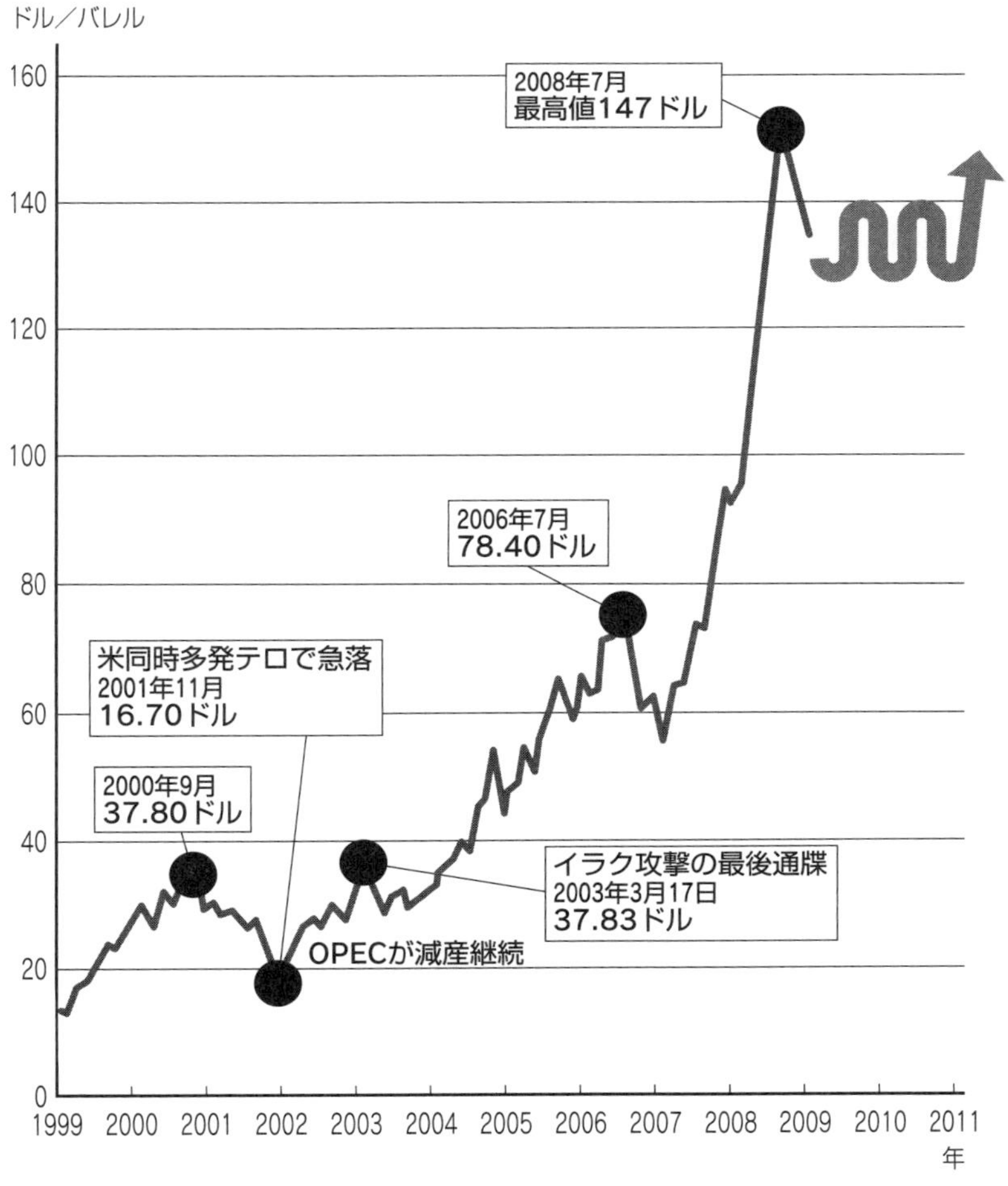

出典：NYMEX期近価格

彼を動かしている宗教指導者のハメネイは、すでにアメリカと交渉していた。「イラン国内の3カ所ぐらいの秘密の核開発関連施設は、アメリカ空軍にバンカー・バスター爆弾で破壊されてもいい。ここところを爆撃してくれ」という秘密合意までアメリカとイラン政府の間でできていたそうだ。

イランは5年間ぐらい核開発が遅れてもかまわないという構えだ。一番大事な核兵器製造技術等は、どうやらすでにパキスタンや北朝鮮経由でイランに移転している。イランとしては、じっくりと核兵器保有を目指して動いている。世界はこのように着々と動いている。

もっと怖ろしいことをここで予言しておこう。それでも10年以内の近い将来、おそらく中東《ミドル・イースト》で核兵器が1発か2発、破裂するだろう。この事態はある意味では避けられないものだ。人類というのはそれぐらい愚かな生き物である。そしてサウジアラビアで、今のサウド王家の打倒を目的とするイスラム原理主義革命が勃発するだろう。その時には原油は1バレル250ドルを突破するだろう。それがこれからの世界の冷酷な動きである。

●世界的なインフレの危機は去らない

私は原油は1バレル100ドル台まで下がったあと、ふたたび高騰すると考えている。原油の目下の下落は一種の気休めである。今度再暴騰を開始したら、1バレル＝250ドルあたりまで行くだろう。そうなるとアメリカ合衆国はアラスカ州だけでなく、テキサスをはじめとした主要な国内油田までを解き放ち、原油を供給しなければならなくなる。そのまま放置すると原油の高騰がハイパー・インフレ（悪性インフレ）の原因となり、消費者物価を暴騰させて世界中の人々の生活を苦しめるからである。

たとえば今年3月からの石油の大暴騰（80ドル台から7月に147ドルになった）で、東南アジア諸国のコメの値段が3倍にも値上がりして、政情不安までが伝えられた。ベトナム、ミャンマー、インドネシア、フィリピンで、コメの値段の暴騰に憤激した国民大衆による暴動の前兆があったのである。ニューヨークやシカゴの金融欲ボケ人間たちが、商品《コモディティ》の先物市場という投機（スペキュレーション）市場で巨額マネー・ゲームをやるものだから、それらのツケが世界中の貧しい民衆に覆《おお》い被《かぶ》さってゆく。

世界の穀物・食糧行政を担当するアメリカの役人たち（彼らが同時に世界の食糧供給問題のエキスパートたちである）が、東南アジア諸国の米価暴騰を恐れた。急に猫なで声になって、日本政府（農水省）が密かに貯め込んでいた大量の外国産米（備蓄米）に対して「日本はなかなか優れた制度を維持している」と驚くべき発言をした。そしてこの日本政府が備蓄してきた外国産米が秘密裏に東南アジア諸国へ供給・放出された。これで5月の東南アジア諸国の米価暴騰は、一旦落ち着きを見せたのである。日本政府の外米備蓄をあれほど嫌って攻撃していたアメリカの役人たちの態度が豹変したのである。

日本の農水省が貯め込んでいた備蓄米とは、外米の輸入義務枠のことである。これはウルグアイ・ラウンドで、日本の農家のコメ輸入阻止に対する世界的な激しい非難があったことを回避するためにとられた措置だった。農水省は財務省との秘密合意で、日本国民にも分からないようにタイ産米などを毎年輸入しては貯め込んでいた。コメの世界値段は日本の国内産米価格の10分の1である。したがって外米の輸入は、日本の米作農家を防衛するために日本官僚たちが行なってきた日本国民に内緒の農業政策だった。それが今回、はからずも露見してしまった。このことは小さな新聞記事になっただけで、咎《とが》める者は私以外にいないだろう。

昔の日本がそうであったように、貧しいアジア諸国では今でもコメの値段が他のすべての物価の基準である。東南アジア諸国でコメの値段が上がることが、どれほど大きな問題であるかに想いを寄せるべきである。アメリカの過剰な金融バクチ危機が石油（原油）の値段を突き上げ、それがコメの値段、すなわちアジア諸国の全般的消費物価の高騰を引き起こした。

翻《ひるがえ》って、日本国民はますますコメを食べなくなった。私も炭水化物を摂ると太るので、なるべくコメを食べようとしなくなった。ササニシキのような高級なおコメを食べるとたしかにおいしい。だが、昨年から急に厚生労働省が音頭を取って騒ぎ出した「日本人のメタボリック・シンドローム」（肥満症）の問題とともに、「米を食べるのは同量の砂糖を食べることと同じだ」という過激な理論までが現われて、私たちはいよいよデブ問題で怯《おび》えている。

私たちは今こそ、もしかしたらヒエ・アワ・キビのような、かつての五穀《ごこく》を備蓄して健康第一で粗食を心がける生活に戻るべきなのだろう。いよいよ飽食の時代は終わる。外食産業や食の文化とか、ごちそう三昧などのような考えで生きている人は、飲食店経営者を含めて根本から頭を切り換えたほうがいい。今はもう「とにかく食べないこと。野菜だけを食べて暮らす」という時代に入ったのである。

それにしてもタイ米やフィリピン米のような、ピラフやカレー料理に最適のコメまで私たち国民が買えないようにしているコメ行政は明らかにおかしい。いよいよ「食糧備蓄の時代」が到来したのである。江戸時代にたびたび起きた飢饉に備えて設けられた「囲い米」（領主たちが非常時のために米を蓄《たくわ》えた）という制度が見直されようとしている。

日銀総裁「世界的にインフレリスク高まる」 支店長会議

日銀は7月7日、全国の支店長が東京・日本橋の本店に集まる四半期に一度の支店長会議を開いた。白川方明総裁は冒頭のあいさつで「国際商品市況の高騰が続くなど世界的にインフレ方向のリスクは高まっている」と発言。金融政策は、経済・物価見通しの実現性やリスク要因を点検しながら「機動的に運営していく」と話した。

総裁は国内景気について「エネルギー・原材料高の影響などから減速している」との認識を改めて示した。先行きは「当面減速が続くものの、その後緩やかな成長経路をたどると予想される」とした。消費者物価の前年比は石油製品や食料品の価格上昇を背景にプラスを続けていくとの見通しを示した。

（日本経済新聞　2008年7月7日）

●銀行預金は引き出せ

41ページの写真にあるように、取りつけ騒ぎ（バンク・ラン bank run、あるいはバンク・ラニング bank running）が米地銀インディマックの破綻で起きた。このような取りつけ騒ぎはこれからも全米各地で次々と起きてゆく。これはもう避けられないのである。「アメリカ発の世界恐慌」は、もう誰にも止められない。楽観的なものの見方をしている人がまだいたら、早めに自分の頭を切り換えたほうがいい。少なくとも私、副島隆彦の本の読者になってくれている人々であれば、もうここまで来れば、アホでなければこのあとの予想は自《おの》ずとつくのである。

日本国内で皆さんが銀行に預けているお金もやがて危なくなる。1000万円以内の小口なら生活費としてそのまま使ってしまえばいいのだが、数千万円から数億円の個人資金を持っている人々は本気で対策を考えたほうがいい。なるべく早めに銀行から引き出して、実物資産（タンジブル・アセット tangible assets）に置き換え、あるいは移し替えたほうがいい。

金《きん》などの貴金属の地金《じがね》か、潜在的に優良で現在安値で買える不動産に移しておいたほうがいい。なるべくなら流動性の高い（いつでも売れる、買値がつくということ）実物資産がいい。かつ、できるだけ自分の手元で保有するのがいい。クマヒラの金庫を買って、中に投げ込んでおくのがいいということだ。

金融資産《ペーパー・マネー》（預貯金、国債、国内での外貨預金、国内の投資信託など）のままで保有していると、きっとひどい目に遭うだろう。あらためて警告しておきます。

●恐慌前夜、何に投資すべきなのか

ではこれから何に投資すべきか。やはり金地金《きんじがね》をもっと買うべきである。現在1グラム3000円である。これはやがて6000円を目指す。ニューヨーク市場（NYMEX）では1オンス（31グラム）が809ドルまで下がっている（8月20日）。それでもやがて大きく値上がりするのだ。値を下げて安いうちに買う人が賢い人である。

為替は再度の100円割れを起こし1ドル＝80円を目指す。ドルは暴落してゆく。再述するが、オーストラリア・ドルがいいだろう。8月時点で1オーストラリア・ドル＝95円まで少し下げたが、ふたたび上昇するだろう。

香港・シンガポールに逃がすことも大切である。欧州系のヘッジファンドを買うことが大切である。アメリカのヘッジファンドはほとんどが崩れ去った。欧州系のヘッジファン

オーストラリア・ドルの相場の推移

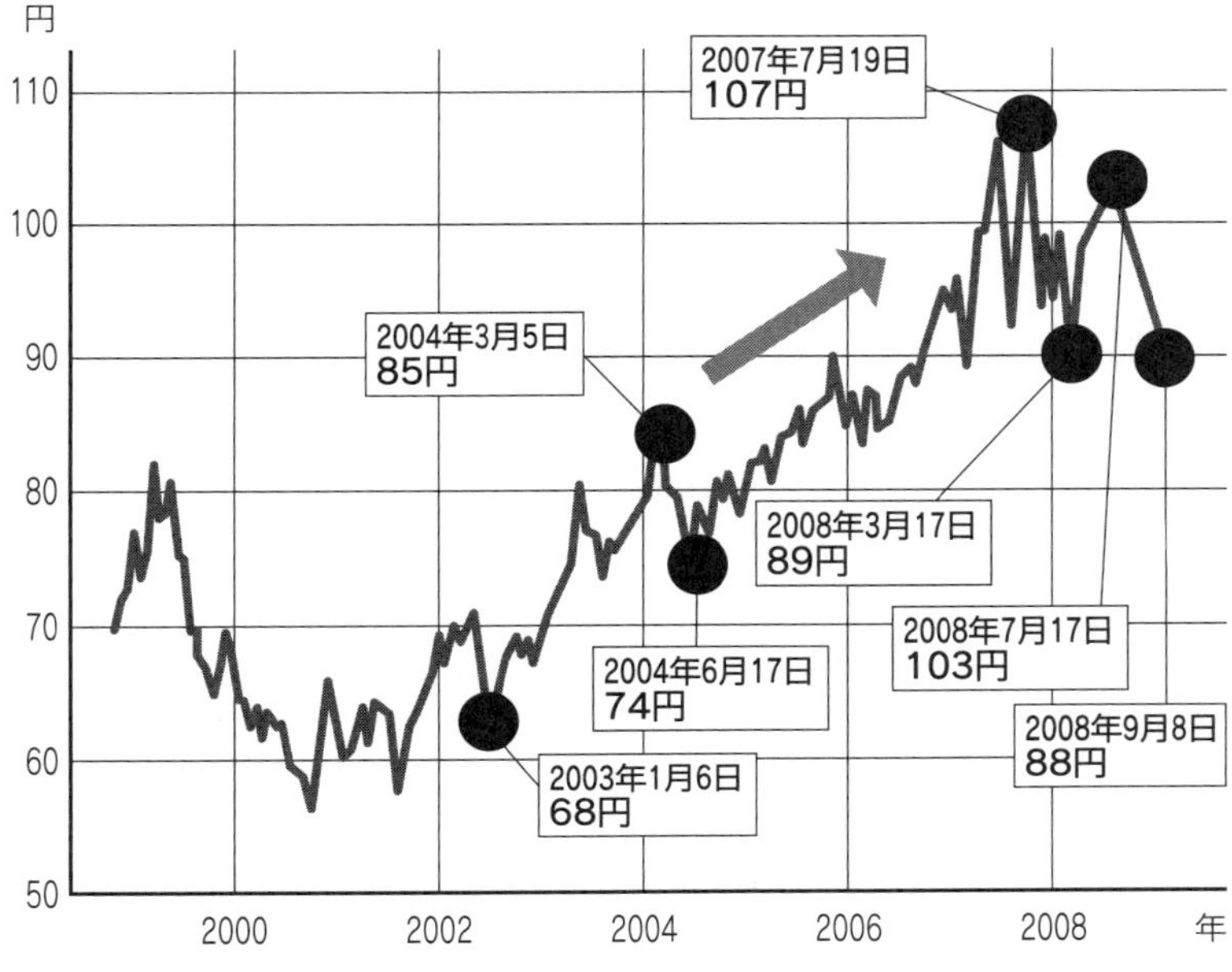

（Bloomberg、Yahoo! Financeの時系列データを基に作成）

ドは米ドル（米国株、これからは米国債も）を売り崩すことで利益を出す。それが欧州人の構えだ。欧州人は米ドルを売り崩せる。アメリカ人は自分の体が米ドルでできているから、米ドルを売り崩すことは長期ではできないのである。ここが味噌である。

今こそ「実物経済の復活」という私が唱えてきた方針に従って、なるべく物に替えて自分で所有することが大切だ。自分で実際に、身近で保有する、占有するという生き方に変えなければいけない。再度言うが、銀行の貸金庫に預ければ安心だなどというのは他人任せの甘い考えだ。これからは銀行が危ない時代なのだ。そして銀行は見張られている。どのような物でもいいから、物質、物体、実質資産のほうに、自分のあらゆる資産を今のうちに移すべきだ。あるいは移す準備を着々と始めるべきである。

●目先で儲けを考えるな

ここまで来たら、物であれば何でもいい。ヒノキの材木300本でもいいし、鶏糞《けいふん》5000万円分でもいい。腐らないものでありさえすれば、あるいは錆《さ》びつかないものでありさえすればいい。それらは必ず現在の価値の数倍する価格に跳ね上がるだろう。

自分で倉庫を借りて、その中に人々にとって必要な必需品をため込むことが賢い人間のやることだ。私は私の読者になってくれる皆さんに、次の時代に勝利する人間になってもらいたい。だから率直にこのように書く。鉱物資源の類《たぐい》を自ら保有することが賢い。

ただ、普通の人間では、金やプラチナ以外を自分で倉庫に保管することはなかなかできることではない。金については、現在の3000円が倍の6000円になるという方針を私は変えない。1オンス1000ドルをふたたび突破して、2500ドルまではとりあえず跳ね上がっていく。

私の本の熱心な読者たちの一部にこんな人がいる。ドルが暴落すると日本円での金《きん》の評価が下がる。だから金で儲かることはないのではないか、と。こういうしみったれた質問を寄せる人がいる。そのような目先の小さな思惑を超えて、金は上がってゆくのだ。ドルが対円で少し上がったりするけれども、金そのものの世界的な暴騰が起きるのである。これは70年に一度の歴史サイクルの動きなのだ。だから金価格が値下がりしたところで、底値、底値で拾ってゆくという考え方を今後も持続させるべきである。

金《きん》が少し上がったらすぐに売って利益を出す、という考え方をするような人と私は付き合う気はない。そういう目先の小さな金儲けしか考えないような頭をした人は、私の読者になってくれなくていい。最低でも5年、10年の長期で実物資産の保有を考えてほしい。

あるいは30年、50年の長期で考えて、自分の子ども、あるいは孫の代に資産を残すという考え方をしてほしい。だから安値のまま放置されて、大暴落している優良な土地などを今のうちに買って、相続財産として安い評価の時に子ども、孫の代に残すのがいい。こういうのは鈍重《どんじゅう》な生き方のように見えるだろうが、かえって賢い考え方だと思う。

●賢い借金の仕方とは

銀行からの借り入れ金である銀行融資に関して考えよう。今はまだ金利が安いので、今のうちにできるだけ借りるべきである。どうせ金利はやがて上がってゆく。固定金利の長期の資金を、銀行が貸すと言うなら喜んで借りればいい。ただし、その資金を何の投資に回すかである。あるいは、毎月の返済に困らないのであればの話だ。手元に資金の余裕が《キャッシュ・フロー》なければ、借金をしてはならない。

今は10年ものの日本国債の利回りが1・5％まで下落している。非常に安定している。日本国債に今もじわじわと諸外国から買いが入っているということである。1カ月で10兆円分くらいずつの買いが入っているようである。不思議な感じだ。やがて長期金利の大暴騰、すなわち国債の下落があるだろう。しかし今は日本国の信用が非常に強い。たとえばイランやロシアや中国、ＵＡＥ、あるいは南米諸国でさえもが、政府資金を投じてじわじわと日本国債を買っている。

だから１・５％という非常に優秀な利回り《イールド》が、長期金利で現われている。日本国債は非常に強い。長期金利が安いということは、住宅ローンの金利も安いということだ。だから今のうちに、個人であっても銀行からお金をたくさん借りて、何なら寝かしておくということも大事である。それをつなぎの資金としてではなく、実物資産につなげればいい。

ただし、借入金はあくまでも借金であるから、毎月の返済が滞《とどこお》りなくできるだけの資金を手元に持っている人でなければ、こういうことをしてはいけない。すなわちキャッシュ・フローが何よりも大事だ。

手元流動性（キャッシュ・フロー）がふんだんにない人間が、先々の激しいインフレへの転換を見越して、資金だけ取り込むのは危険きわまりない。資金は有効な実物資産に替えて、寝かせて、長期の投資に回すべきだ。それができない人は、資金だけ取り込むようなことをすべきではない。借金だけを抱え込むと、資金のショートが起きた時に大変なことになる。だからこういう金融危機の時代には、手元資金に余裕のある人間だけが、きわめて安い銀行融資を借りて将来に備えることができるのである。

●崩れゆく不動産

不動産投資に今は手を出すべきではない。

商業ビルなら「年率8％くらいで利益が出る（利回り8％）」などと宣伝広告でうたっているが、都会の商業ビルはこれからもっと値下がりする。大手の業者がうたい文句で言うほど甘くはない。

目下、不動産デベロッパーの大手マンション建売業者（一部上場企業）が次々に破綻しつつある。昨年の8月までなら、ニューヨークの投資ファンドが日本の商業ビルやホテルをいくらでも買いに来ていた。それがサブプライム危機でひっくり返ってしまった。

築10年、20年になってしまった駅前の貸し店舗用商業ビルは、設備の老朽化による価値の下落が激しい。修繕費やその他の経費が非常にかさむ。だから利回り8％などというのは大嘘である。買ったら大損してしまう。借金をしてまで商業ビルに投資するのは言語道断である。不動産物件はこれから半値に値下がりする。これは前掲の江《え》副《ぞえ》浩正《ひろまさ》氏が書いた『不動産は値下がりする！』という本のとおりだろう。

よほどの優良物件で、すでに激しく値下がりしている不動産をドン底値で買うというのならばいい。163ページで述べた、三井住友銀行に元値の8割引のボロクズ債券を売りに来

東京証券取引所REIT《リート》指数の推移

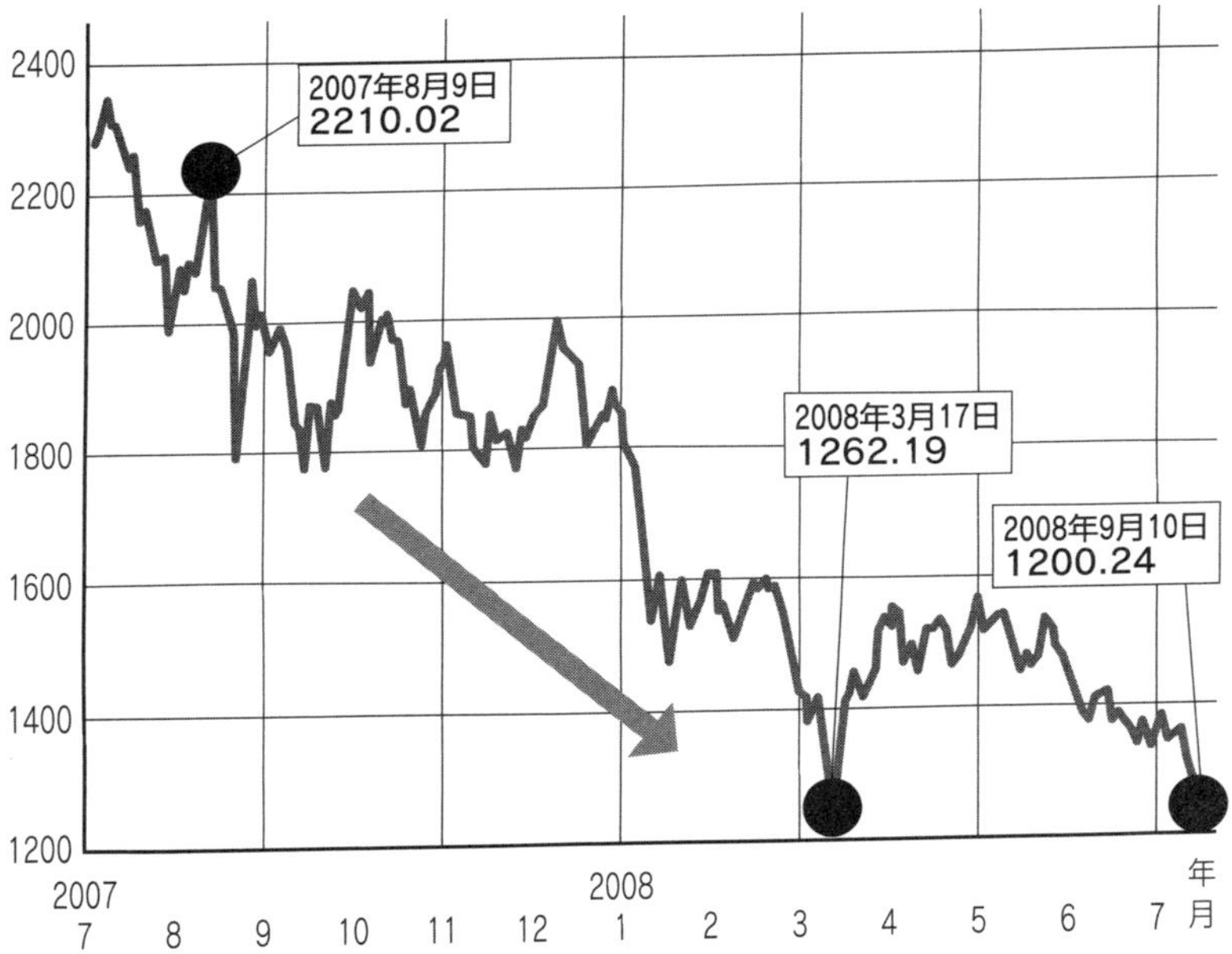

東証REIT指数とは、東証に上場している不動産投資信託（不動産を証券化した金融商品）の値動きを表わす指数。2003年3月31日の時価総額を基準とする。その基準指数は1000である。上のグラフのように暴落が続いている。もはや金融市場の体《てい》をなしていない。

出典：東京証券取引所

ているアメリカやヨーロッパの銀行とお付き合いをするのと同じ感じならいい。それ以上のことは各々業界のプロたちがやることであるから、私は何も言わない。

ただし、相手が不動産のプロたちであっても次のことは言っておく。大手の不動産業者たちであっても――名前は出さないが東京建物や有楽土地クラスの規模のところであっても――実質的には破綻しているようである。私は今から３年前に、大手不動産業界の役員たちの集まりに招かれて講演をした。その講演で私は「ＲＥＩＴ《リート》（不動産投資信託）などやるものではない」と言った。それなのに「今が不動産で儲けるチャンスだ」と彼らは煽り立てたのだ。

ＲＥＩＴを公開上場させた企業は、損をしていないのだろう。けれども、ＲＥＩＴを買わされた個人の投資家たちは大損している。前ページに載せた「東証ＲＥＩＴ指数」の推移のとおりである。「東証ＲＥＩＴ指数」とは、東京証券取引所が公表している東証上場のＪ《ジェイ》－ＲＥＩＴ《リート》銘柄（日本版のＲＥＩＴのこと。２００８年８月現在で42銘柄）だけの指数である。その基準値（１０００ポイント）は２００３年３月31日の終値をベースとしている。これは東京証券取引所に上場した日本の投資法人や投資信託（Ｊ－ＲＥＩＴ）全体の値動きを、分配金を反映させて表わした指数である。

●REIT暴落の真相

次の新聞記事が悲惨な現状を伝えている。

新興不動産、新手法に逆風　投資マネーの勢い衰え

新興の不動産会社に逆風が吹いている。「土地を買ってマンションなどを建て、ファンドなどに売る」というビジネスで急成長してきた。しかしマンション市況が低迷。さらに、サブプライム問題をきっかけに投資マネーの勢いが衰えているためだ。

不動産経済研究所が7月15日に発表した08年上半期の首都圏マンション市場動向調査によると、発売戸数は前年同期より23・8％少ない2万1547戸だった。ピークの2000年時（4万6816戸）の半分以下となった。売れ行きを示す契約率は75・2％から63・9％に急落し、16年ぶりの低水準になった。

丸の内や銀座などの一等地を所有する大手不動産は、豊富な資金で大規模なオフィスやマンションを開発でき、業績も堅調だ。ところが新興の不動産会社は地価上昇を期待して借入金で土地を購入し、マンションやオフィスビルを開発。外資系ファンドや上場不動産投資信託（Jリート）に売って利益を得てきた。

2年ほど前まで、国内都市部の不動産には海外主要都市と比べて割安感があったので、外国人投資家から資金が流入した。2006年秋ごろから東証リート指数も急上昇し、首都圏ではミニバブルの様相も見られた。しかし約1年前から、長期金利とリートの配当利回りとの金利差が縮まり、外国人投資家のリート離れが起き始めた。

サブプライム問題でその流れが加速した。損を出した投資家が資金を引き揚げ、2007年2月には1400億円に上った外国人投資家のJリート買い越し額は、2008年5月には200億円を切った。

国内金融機関が、不動産がらみの融資を絞り始めたとの見方もでている。

東証上場のJリート「ジャパン・シングルレジデンス投資法人」は先月、予定していたマンションの購入を見送った。当初の思惑通りに資金が調達できなかったためだ。

複数の銀行に融資を申し込んだが、いずれも断られたという。「担保もあるし、総資産に占める借入金の比率も悪くない。従来であれば問題なく資金が付いていたのに」(担当者)。今後は新規の不動産取得を控える方針だ。

(朝日新聞　2008年7月16日)

これがサブプライム・ローン危機以降の、日本の不動産業界が直面する厳しい現状である。

日本国内の大手不動産業者（三菱地所や三井不動産）がやっているREITなら、買値の半分くらいで落ち着いているだろう。そうではないものは、もう4分の1くらいに暴落して、値段がつかないような感じになっている。

ここで本当の理由、大きな真実を書こう。REITが暴落したのは、去年まで日本の不動産市場、商業ビル市場に1000億円、2000億円と気前よく資金を投入してきた外資系のファンドが一気に撤退モードに入ったからである。

それまでは販売用のマンションを、5棟でも10棟でもまとめ買いすると気前よさそうに言っていた。ところがそれが一気に左前になって、日本国内に投資した資金を回収してアメリカに持ち帰り始めた。その本当の原資は、円キャリー・トレードでただ同然でつくった日本円での資金だったりする。損が出た分は投げ捨てて、まだうまみや利益が出ていれば売って、それをアメリカ本国に持ち帰るという動きである。

モルガン・スタンレーやシティグループが、在日法人の本社ビルを投げ売りし始めた。他の外資系の不動産運用会社に安価で売ったあとも、そのまま営業を続けているふりをしている。しかし、もうそんな余裕すらなくなっている。彼らは日本からどんどん撤退しつつある。だから都心の商業ビルの値下がりは激しいのだと見なければいけない。表面上は担保価値と評価額を上げるために高そうに構えているけれども、本当はかなり安くなっていると見なければ済まないのである。

●日本の温泉地を中国人が狙っている

それでも日本の不動産価格の下落は、この18年間で相当なところまで来ている。だからドン底値で拾えるものに関しては拾うべきである。ただし日本国の人口減少もさらに加速するだろうから、よほどの物件でなければ大きな値上がりは見込めない。駅前に建っているというだけの理由で、その商業ビルに高い値段がつくという時代ではなかろう。それよりも「特殊性のある、よい土地」という新しい価値の基準が出てくるべきではないか。

華僑を中心にして、中国人たちが日本の温泉地を買うという動きが出ている。それこそ日本国中あちこちにある、ボロボロに崩れ果てた温泉地の建物や設備を、安い値段で買いに来ている。その始まりは北海道のリゾート地、ニセコであった。中国人にしてみれば、温泉に入ってゆったりするのは、まるで天国に昇るような楽しいことなのである。日本人でもまだ多くの人に温泉幻想と温泉郷愁がある。行けばミネラルを含んだ熱いお湯に入るだけのことだが、日本の温泉幻想が今の中国人を魅了しているのだ。

全国各県の温泉地には、20年前に銀行に騙されて、経営者のバカ息子、バカ孫が調子に乗って10億円、20億円かけて建てた巨大な高層の温泉（宿）ビルがある。それらはすでに不良債権になって、銀行に差し押さえられたままである。そのような物件が山ほどある。この借金を肩代わりしていく力はどこにあるかというと、どう考えても台湾、香港を含めた華僑系および中国本土の資本が入ってくるしかない。彼らが下から買い支えていくだろう。

ヨーロッパ人、アメリカ人は、オンボロの温泉ホテルなど買わない。北海道で4年前から起きた現象として、ニセコやトマム、富良野などに、まず1万人くらいのオーストラリア人たちがスキーをしに押しかけてきた。そして1000万円くらいにまで暴落しているリゾート用マンションをたくさん買った。

私たちの感覚からすれば、北海道のパウダー・スノーは肌に合わない。非常に気温の低い北海道のスキー場では、日本人はあまりスキーをしたがらず、新潟や長野などのベタッとした、水気を多く含んだスキー場程度で満足する。しかし世界基準では、雄大な北海道の大きな山に積もる粉雪のようなスキー場が好まれる。

そのオーストラリア人たちのあとをついて来たかのように、中国人たちが大挙して北海道に進出している。九州が華人経済圏に組み込まれた次は北海道なのである。すでに温泉つきのリゾート・マンションが中国人によく売れているという。今はまだ日本の米（ササニシキ）や魚市場での高級魚を買い占めて、北京や上海に空輸しているような段階であるが、これからは経営母体がしっかりとした企業（日本人と華僑たちとの合弁企業のようなもの）が、関西や関東地方を含めた日本本土あちこちの温泉旅館、ホテル物件を買い漁る。そのような動きがやがて出てくるだろう。

箱根《はこね》、熱海《あたみ》近辺は、すでに中国の大金持ち化した人々の老後の医療付きの介護用の保養施設としての活用が始まっている。日本の温泉宿が狙われているのである。

各県の地方銀行にしてみれば、「地銀の最後の不良債権」と呼ばれている温泉地がこうやって底値の下値のところから買い上げられて、実需の資産として立ち直ってゆく。おそらく値段は１９９２年までの最後のリゾート・バブルのころの10分の１くらいだろう。すなわち日本でも元値の９割引での投げ売りという事態が、自然法則的に進行しているのである。これが自然の法則というものである。やはり次は中国人たちの時代である。

１９９０年代から現在まで、塗炭《とたん》の苦しみを味わった日本の企業群は、それでも何とか耐え抜いた。２００７年8月17日のサブプライム・ローン崩れが起きて、ついに私たちは生き延びた。私たち日本人は、耐えて耐えて勝ち抜いたのだ。私はこの夜、一人静かに祝杯を挙げた。それは１８１２年12月に、モスクワ遠征に失敗して冬将軍に襲われながら飢餓とともにみじめに撤退するナポレオン軍を、林の中からじっと見つめるロシアの英雄、クトゥーゾフ将軍（１７４５－１８１３）のような気持ちだった。

アメリカの金融侵略軍は、今静かに日本から撤退を開始した。戦後62年目で、アメリカはついに崩れ始めた。これからアメリカ帝国の地獄の苦しみが始まるのである。

【巻末特別付録】

恐慌の時代に強い企業銘柄一覧

東京第１部

建設

Aショーボンド	1764	1783	1750	1777	△27	134.2
BダイセキS	2391	2438	2370	2390	△ 3	269
Aハザマ	92	95	91	95	△ 4	189.9
C東急建	288	298	285	286	▲ 1	249010
・コムシスHD	981	1003	979	991	0	1029
Aミサワホーム	505	519	498	506	△ 1	158.3
A高松建設	1503	1548	1476	1499	▲20	19.8
C東建コーポ	3580	3720	3480	3490	▲130	79650
Eヤマウラ	198	198	196	197	△ 2	13.0
Aオリエ白石	228	230	227	230	△ 2	9.6
・大成建	245	258	244	253	△ 6	4710
・大林組	485	509	478	494	△ 6	3235
・清水建	434	455	427	442	△11	2967
E飛島建	20	21	20	21	0	1724.5
E長谷工	104	108	102	106	0	11635.5
・松井建	300	307	300	306	△ 1	30
・鹿　島	327	345	325	338	△10	7115
A不動テトラ	87	91	87	91	△ 3	501.9
・大末建	39	41	39	39	0	295
・鉄　建	108	113	107	111	△ 4	299
・安藤建	165	172	165	171	△ 6	150
・太平工	381	386	375	380	△ 4	160
・西松建	251	259	250	256	△ 7	1052
A三井住友建	84	85	83	84	0	250.7
・大豊建	90	94	89	92	▲ 1	329
・前田建	320	341	320	337	△14	397
・佐田建	38	40	38	39	△ 3	744
Eナカノフドー	231	231	226	230	△ 4	31.5
・奥村組	425	444	425	432	△ 5	366
E小田急建	220	225	218	225	△ 5	7.0
・東鉄工	537	548	535	546	△ 6	65
イチケン	120	127	120	126	△ 4	56
・浅沼組	76	79	75	75	▲ 3	83
A新井組	26	29	26	29	△ 3	233.8
・戸田建	380	391	378	387	△ 8	715
・熊谷組	59	60	54	58	▲ 1	6235
E青木あすなろ	475	490	475	490	△15	5.0
・北野建	221	228	220	225	△ 4	43
・植木組	127	129	120	122	▲ 4	72
・三井ホーム	556	563	546	560	△ 4	49
・矢作建	478	490	477	484	△ 2	80
APS三菱	300	316	297	302	△ 2	342.6
A大東建	4450	4630	4440	4480	△60	653.9
A新日本建	98	102	97	102	△ 5	377.3
・NIPPO	557	563	554	559	△ 9	112
・東亜道	155	171	154	159	△ 6	246
・前田道	712	714	693	700	▲ 9	135
・日道路	149	151	147	150	△ 4	125
・東亜建	129	129	126	128	△ 1	524
・若築建	48	50	48	50	△ 2	504
・あおみ建	37	41	37	39	△ 1	612
・東洋建	43	45	42	45	△ 3	2174
E五洋建	128	132	126	129	▲ 1	952.5
・大成ロテック	204	204	199	200	0	189
・大林道	167	169	161	164	▲ 1	78
世紀東急	58	62	58	60	△ 4	148
・福田組	280	291	280	288	0	18
A東北ミサワ	274	274	270	272	△ 2	20.4
A住友林	719	757	712	740	△16	14.7
A日基技	217	233	217	228	△ 8	21.8
・日成ビルド	76	77	72	77	▲ 1	229
・エスバイエル	60	63	60	63	△ 4	317
A　巴	190	194	184	187	▲ 1	210.1
・パナホーム	595	610	595	602	△ 8	159
・ハウス	1033	1087	1027	1068	△35	2223
Aライト	253	262	248	262	△ 4	139.1
・積ハウス	975	1023	975	997	△12	2986
・日特建	45	45	41	44	▲ 1	370
・北陸電工	318	319	317	317	△ 4	6
・コミュチュア	602	627	602	619	△ 2	28
・ユアテック	505	521	501	515	△ 7	60
・西部電工	488	510	488	510	△17	15
・四電工	512	519	510	514	△ 6	8
A中電工	1608	1659	1600	1630	△23	68.2
・関電工	669	689	669	676	△ 7	333
・大　明	910	927	902	924	△15	98
・きんでん	1020	1035	1009	1024	△11	19
・東京エネシス	608	615	608	615	△ 8	19
・トーエネク	560	562	546	554	▲ 8	42
A住友電設	602	627	601	617	△20	46.7
・日本電設	870	891	869	884	△19	73
・協エクシオ	1037	1065	1035	1046	▲ 6	442
A新日空調	874	894	856	881	△17	46.1
・東電通	202	207	201	202	△ 2	37
・日電設	273	278	273	273	△ 5	12
・九電工	682	695	671	687	△15	167
・三機工	799	813	787	808	△10	118
・日　揮	1903	1923	1888	1905	▲28	2252
・中外炉	494	526	493	522	△31	1102
・ヤマト	231	243	231	239	△12	43
・太平電	848	877	841	869	△11	52
・高砂熱	1063	1118	1053	1094	△16	558
・日立プラ	365	375	360	365	△ 5	108
三晃金	287	292	282	286	△ 4	795
ANECネSI	1368	1381	1355	1363	▲ 4	140.2
・朝日工	362	374	360	368	△ 7	22
A大気社	1444	1461	1436	1442	△12	92.0
・ダイダン	—	—	—	549	カイ	—
・日比谷設	893	919	893	918	△31	23
・東芝プラ	903	921	896	914	△ 9	279
・東洋エンジ	601	623	590	614	△ 4	3423
・千代建	900	915	873	905	0	2778
A新興プラン	1220	1281	1220	1259	△19	247.6

（日本経済新聞　2008年8月19日付紙面より）

この本の巻末に、96ページで説明した「恐慌の時代だからこそ、今こそ注目すべき企業（株式の銘柄）」を一覧表にして掲げる。ひとつはバブル崩壊後の地獄を生き抜いてきて、今もきわめて低い株価のままになっているゼネコン（総合建設会社）である。もうひとつは中東や中国の汚水をきれいにする技術を持つ環境関連の上場企業銘柄である。

ただしこれらの株への投資でも、さらに注意が必要だ。ゼネコンに関して言えば、昨年8月17日のサブプライム・ローン危機から、外資が日本の不動産市場から急激に撤退する動きがある。そのためミニバブルだった日本でも、ついに「マンション建築不況」が始まった。スルガコーポレーション（6月24日倒産）、真柄《まがら》建設（7月5日倒産）、ゼファー（7月18日倒産）、アーバンコーポレイション（8月13日倒産）と、新興の不動産業（とくにマンション販売を手がける一部上場企業）が次々と破産（民事再生法の申請）している。ゼネコン各社はその影響を受けざるを得ない。たとえば倒産したアーバンコーポレイションの手形債権を、飛島《とびしま》建設は26億円、五洋《ごよう》建設が22億円も抱えている（２００８年3月時点）。

したがって以下の表にある建設会社の株価は、これからさらに半値になり、最悪の場合は破綻・倒産するかもしれない。それでも、あと半年間を見きわめて、さらに半値になっても生き残っていたら、その時こそこれらの企業の株式を買う時であると思う。これらは迫りくる世界恐慌に耐えうる、立派な技術力を世界に誇る日本の企業たちだからである。

今こそ買うべきであろう株価100円以下の大手建設会社（ゼネコン）株一覧

	1	2	3
会社名（証券コード）	飛島《とびしま》建設（1805）	熊谷《くまがい》組（1861）	大末《だいすえ》建設（1814）
最近の安値	20円	81円	44円
特長	建設界の長老会社。日本の美風である談合の世話役。みずほ系の土木・建築・コンサルティングをする。定評ある技術力で「防災のトビシマ」として知られる。バブル崩壊後、3回にわたる金融支援を受け、大成建設との業務提携で経営再建を進めている。売上高は横ばいだがマンション、ビルのリニューアル工事で工事利益率は改善した。何があってもつぶれない。	右記、飛島組から独立して創設。若狭湾沿岸に原子力発電所を次々に建設して成長。１９８０年代に海外工事で日本一を誇った。バブル崩壊後の経営危機では取引銀行の債権放棄を受けて、社員数を大幅に削減した。２００９年３月連結決算で、繰り越し工事が増加して増収を達成したが経常利益は28億円で対前年では減益を見込む。もう何があってもつぶれない。	２０００年に当時の三和銀行に債権放棄を要請して以来、三菱東京ＵＦＪ銀行が再建を支援してきた。賃貸住宅最大手の大東建託と資本・業務提携を結んでいる。マンションの市況が急に悪化したことで厳しい受注環境になったが、「完成工事粗利益率」を改善して２００９年３月期は８％の営業増益を予想。ただし無配が続く。
株価チャート	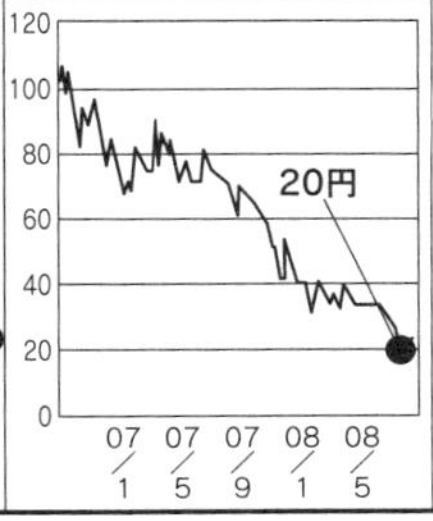	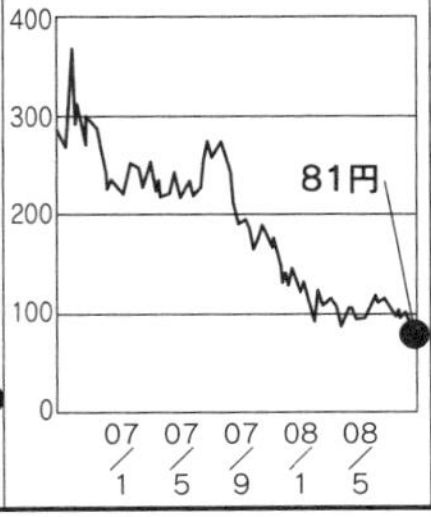	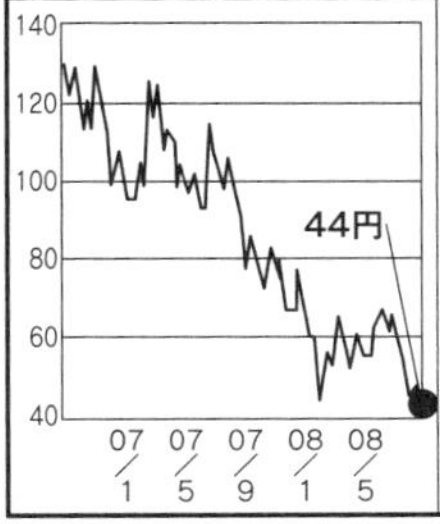

	会社名（証券コード）	最近の安値	特長	株価チャート
4	三井住友建設（1821）	84円	2003年4月に、旧三井建設と旧住友建設が合併して現社名になった。大和証券グループが支援する。三井住友グループ唯一のゼネコンである。2005年に不動産事業を分離した。2009年3月期の予想経常利益は37億円。売上高は減少したが、販売管理費の圧縮などで営業利益が増加している。何があってもつぶれない。	
5	佐田《さた》建設（1826）	36円	群馬県・埼玉県を地盤とする中堅建設会社。初代社長の佐田一郎は、竹下登の派閥から参議院議員となった。ゴルフ場開発などで失敗して、2004年から私的整理ガイドラインによる再建計画を実行中。2008年3月期は大幅減益となった。しかし、2009年3月期の予想経常利益は4・2億円として増益を見込む。無配を継続中。	
6	新井組（1854）	31円	マンション等の建築主体。バブル期の失敗を受けて2002年自主再建を断念した。金融機関からの債務免除などを受け再建へ。2006年に事業者金融のNISグループが筆頭株主となった。不動産開発で業務提携する。2008年12月期は減収減益となった。無配を継続。マンション工事などに注力し合理化を進める。マンション工事に頼りすぎが気になる。	

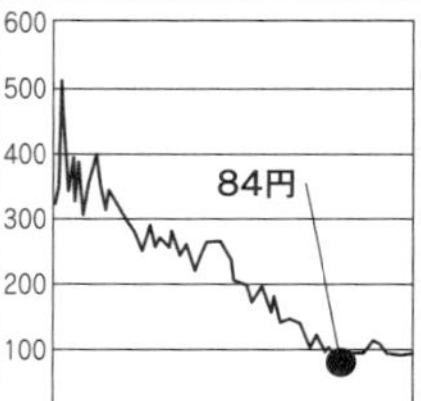

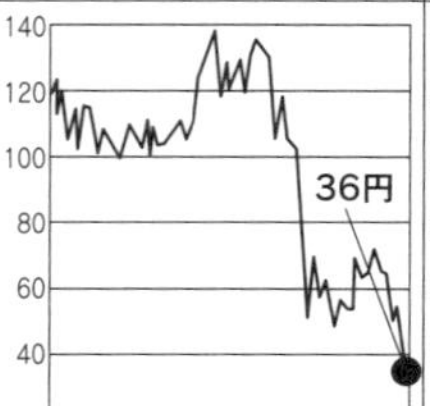

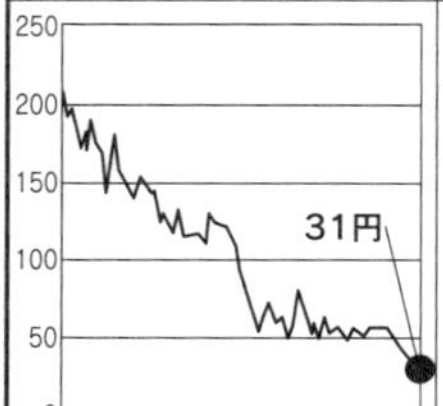

	会社名（証券コード）	最近の安値	特長	株価チャート
7	若築《わかちく》建設（1888）	55円	海洋土木を中心として、陸上土木・建築へも進出した。関西国際空港、東京湾横断道路など大型案件に関わった。海外工事でも実績がある。２００９年３月期決算では、営業利益は増益を見込むが、経常利益は２億円と減少しそうだ。土木技術力があるので何があってもつぶれない。	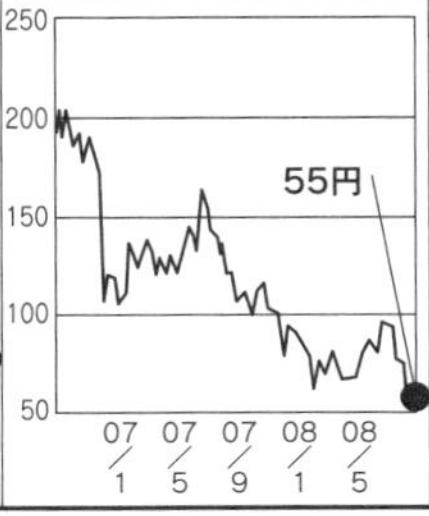
8	あおみ建設（1889）	40円	旧・佐伯国総建設。佐伯建設工業と国土総合建設が２００８年４月に合併して発足した。ここも海洋土木を主力とする建設会社。関西国際空港や本州四国連絡橋関連など大型プロジェクトで実績がある。２００９年３月期の予想経常利益は９億円となって、黒字化を見込む。年１．５円復配へ。	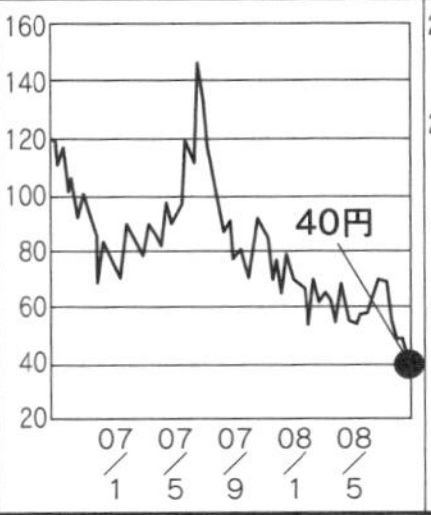
9	東洋建設（1890）	44円	旧名は阪神築港。海上土木を中心に、陸上土木・建築を行なう。債務免除など金融支援を受けて再建中。前田建設工業と資本提携している。２００９年３月期は経常利益20億円、増収増益を見込む。配当予測０～２円とし、なんとか復配しようと努力している。	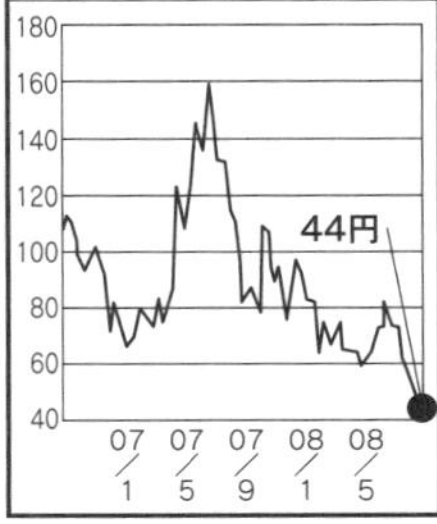

	会社名（証券コード）	最近の安値	特長	株価チャート
10	世紀東急工業（１８９８）	61円	旧・世紀建設が１９８２年に東急道路と合併して、東急グループになった。道路舗装、土木を主力とする中堅建設会社。その後２００５年、東急系から投資ファンドフェニックス・キャピタル傘下に移った。公共事業の削減とバブル期のリゾート開発処理で損金が重なり採算悪化。再建を急いでいる。２００９年３月期はなんとか経常利益４・４億円を見込む。	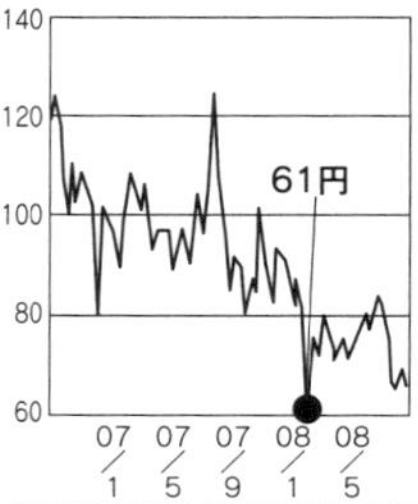
11	日成《にっせい》ビルド工業（１９１６）	70円	プレハブ建築、立体駐車場の総合メーカー。店舗、工場などの事業用施設を中心に共同住宅も扱い、プレハブ自走式立体駐車場ではシェアトップクラス。東京に営業機能を移し、首都圏でのシェア拡大を目指す。２００９年３月期予想は経常利益４・１億円と黒字化。配当は１円増配の２円とする。	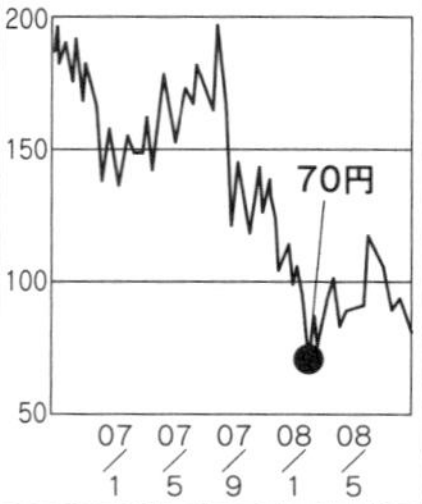
12	エス・バイ・エル（１９１９）	45円	大阪の住宅メーカー。木質パネル一体工法を採用する住宅を主力とする。注文設計の高級住宅から、ネット販売の低価格商品まで作る。事業を多角化し過ぎて収益悪化を招き、ホテルやゴルフ場を売却した。ホームセンター事業も営業譲渡して、本業に注力する。２００９年３月期の予想経常利益は11億円を見込み、増益基調となっている。	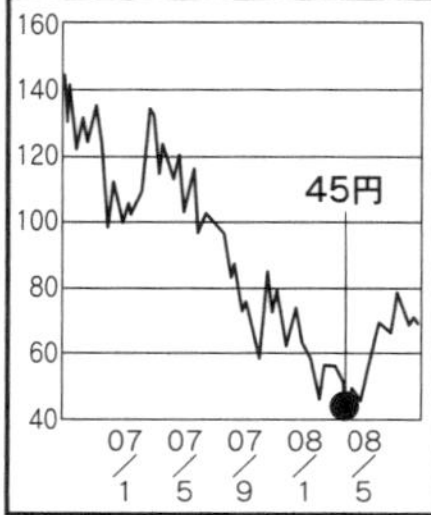

	13	14	15
会社名（証券コード）	日特《にっとく》建設（1929）	長谷工コーポレーション（1808）	鉄建《てっけん》（1815）
最近の安値	47円	102円	96円
特長	総合基礎工事の大手である。地盤改良に用いるグラウチング技術に定評がある。ダムの基礎工事ではトップ。その他、建設、新幹線、高速道路などの基礎工事に実績を持つ。建築請負事業からは撤退した。主力事業に注力。２００８年に不動テトラと投資ファンドが増資を引き受け、経営再建を主導している。２００９年3月期は経常利益12億円を見込む。	大手ゼネコン。マンション建築では最大手だ。事業（土地）持ち込みによる特命受注を最大の特徴としている。特命比率が9割超を誇る。独自ノウハウに強みがある。二度の金融支援を受けて再建を遂行して、ビジネスホテル事業などに力を向けている。２００８年3月期には13期ぶりに復配した。２００９年3月期は経常利益40億円を見込む。	東京に本社を置く中堅ゼネコン。旧国鉄系の土木・建築事業請負から始まった。東海道新幹線や青函トンネルなどの大型工事に実績がある。鉄道建設ではトップクラスである他、道路、マンション建築に強みを持っている。ＪＲ、官公庁、民間工事をバランスよく受注している。２００９年3月期予想は経常利益19億円と増益を見込んでいる。
株価チャート	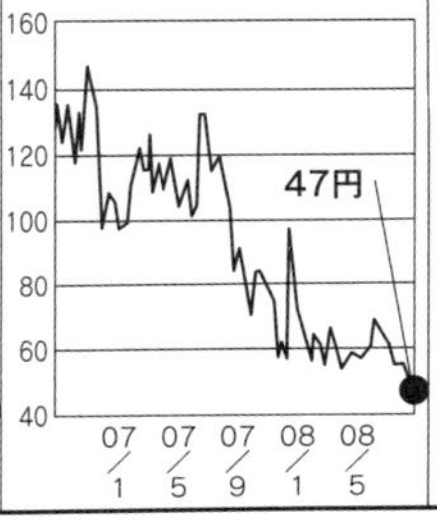	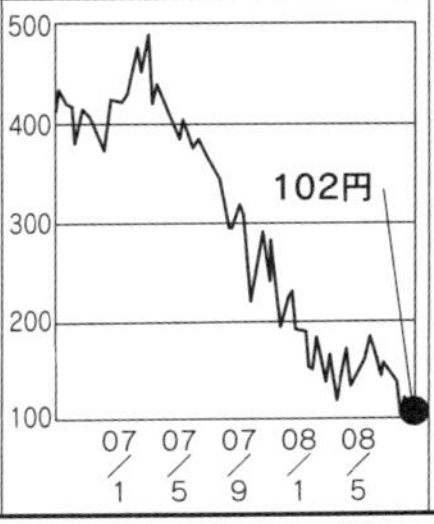	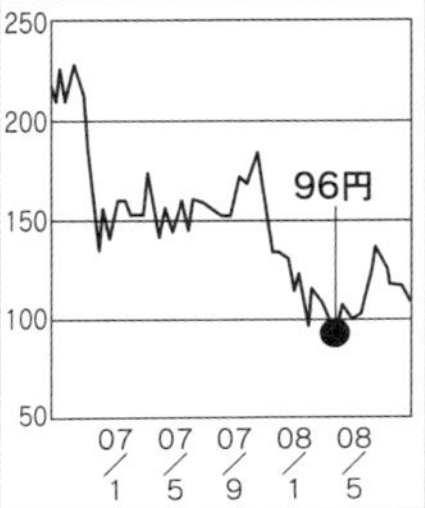

	会社名（証券コード）	最近の安値	特長	株価チャート
16	大豊《だいほう》建設（1822）	97円	土木を主体とし、泥土加圧シールド工法と無人ケーソン（潜函）工法を得意とする。レインボーブリッジ、東京湾アクアラインなど大型プロジェクトに実績がある。民間建築も増やしている。売上高横ばいだが、採算が改善し、2009年3月期の経常利益は18億円と予測、黒字化を見込む。台湾、タイなど海外でも大型土木工事を開拓しつつある。	
17	浅沼組《あさぬまぐみ》（1852）	84円	大阪市の中堅ゼネコン。「学校の浅沼」と呼ばれるほど学校建築や官公庁建築に実績がある。近年はマンションなど民間建築が主力になっている。バブル期の負債は少ないので、財務は比較的健全である。採算が改善したので、2009年3月期予想は経常利益2・3億円と黒字を回復するだろう。	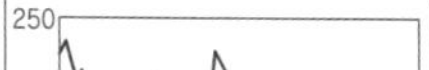
18	五洋《ごよう》建設（1893）	110円	広島県呉市の水野組が前身の準大手ゼネコン。海洋土木の最大手であり、建築も手がける。しゅんせつ技術で世界一の技術力を持つ。国内における東京湾岸再開発、中部新空港のほか、海外大型工事のパイオニアとしてスエズ運河拡張工事やシンガポールなどアジア地域で実績がある。2009年3月期は経常利益80億円を予想し、増収増益を見込み、2円の復配をする。何があってもつぶれない。	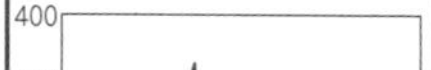

汚水処理（水をきれいにする）企業一覧

	会社名（証券コード）	最近の安値	特長	株価チャート
1	東レ（３４０２）	502円	水処理事業では世界トップレベル。「膜技術」をコアとして展開している。ナイロン、アクリル、ポリエステルなど総合合繊メーカーの最大手である。高機能フィルム、生分解性樹脂などに事業を多角化している。炭素繊維、ＰＥＴフィルムなどで世界首位。２００９年３月期は経常利益８６０億円として減益になりそうだ。	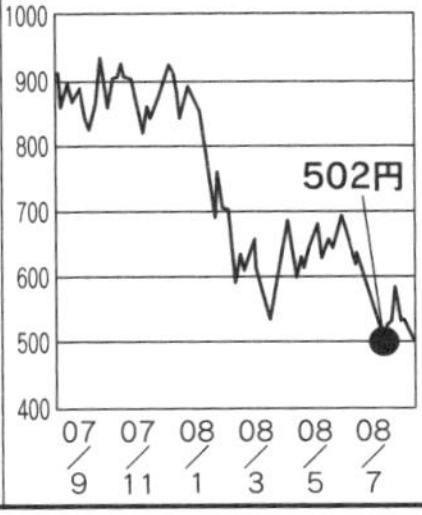
2	帝人（３４０１）	323円	２００７年から水処理膜事業に参入。汚水・海水の真水化プラントで中国、シンガポールなど新興国への展開に力を入れる。ポリエステル繊維を中心とする合繊の大手。傘下企業でアラミド繊維、炭素繊維等の高機能製品で強みを持つ。医薬品でも強い。２００９年３月期は原油燃料高などを理由に経常利益４１０億円と経常減益になりそうだ。	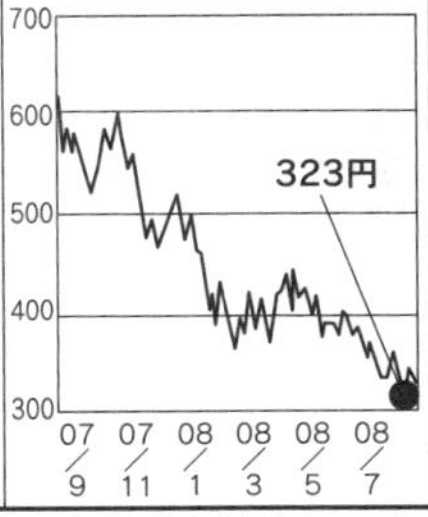
3	旭化成（３４０７）	484円	水処理膜事業では、２００８年に中国での精密ろ過膜のモジュール（複合部品）組み立て工場の生産能力の増強を実施する。１９２２年に創業し、化成品を中心に繊維、医療、住宅、エレクトロニクスなど独自の多角化を果たした。２００３年から持株会社制へ移行した。２００９年３月期は経常利益１２５０億円の増益になりそうで、配当１円増で14円にする。	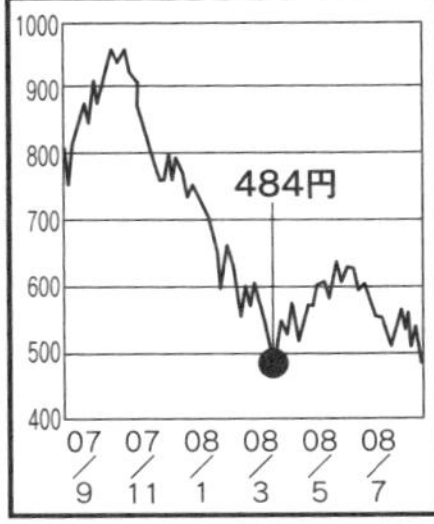

	4	5	6
会社名（証券コード）	三菱レイヨン（３４０４）	栗田工業（６３７０）	日東電工（６９８８）
最近の安値	285円	2810円	3080円
特長	２００７年に将来の事業統合を視野に日東電工と水処理膜開発の合弁会社を設立した。ＭＭＡ（アクリル）樹脂国内最大手で、世界4位。炭素繊維では世界3位。アクリル系事業を核に光学・情報材料、衣料用繊維、中空糸膜（水処理膜）など優れた技術を持つ。２００９年3月期は経常利益２３０億円となり、減益になりそうだ。	水処理専業メーカーとして国内で最大手。水処理薬品、電子産業向け超純水製造装置が優れている。土壌浄化なども手がける。電子精密産業向けで、大手半導体メーカーの国内工場でのプラント開発・製造に圧倒的なシェアを誇る。２００９年3月期は経常利益で３２３億円と増収増益を継続。増配とした。	純水製造用逆浸透膜エレメントにおいて世界トップのシェアを持ち、アルジェリアなどで大型案件を受注した。電気絶縁材料を皮切りに、接着テープや液晶用工学フィルム、電子部品などを扱う総合材料メーカーである。「グローバルニッチトップ」をコンセプトに多くの世界シェア首位の商品を持つ。２００９年3月期は増収増益で、経常利益７６０億円になる。
株価チャート	（下図1）	（下図2）	（下図3）

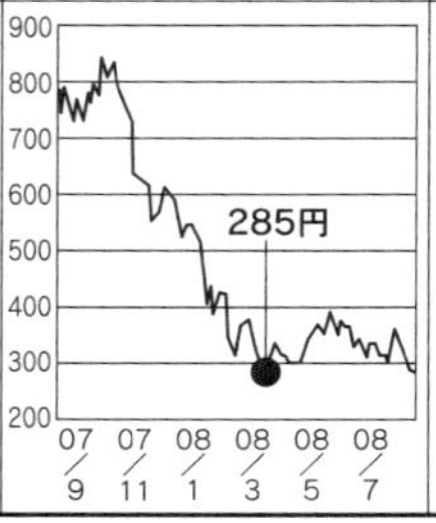

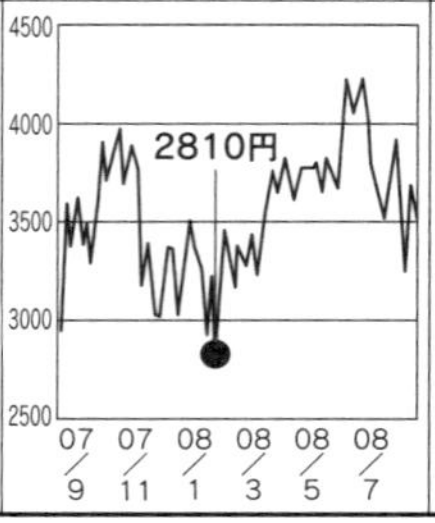

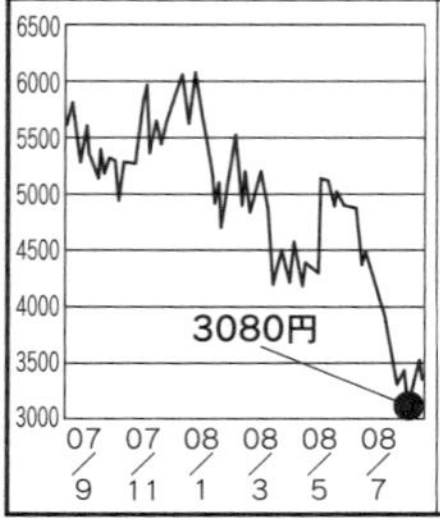

	7	8	9
会社名（証券コード）	住友化学（4005）	日東紡（3110）	東洋紡（3101）
最近の安値	603円	175円	192円
特長	排水処理や浄水用に使用される硫酸バンドやポリ塩化アルミニウムを製造・販売している。住友グループの総合化学メーカー。石油化学ではシンガポール、サウジアラビアで合弁。医農薬と情報電子で世界トップの技術力がある。子会社には大日本住友製薬がある。２００９年３月期の経常利益は１０００億円と、増収増益を見込む。	排水用高分子凝集剤を開発・製造している。繊維メーカー大手として、綿紡績からグラスファイバー事業、建材事業、メディカル事業などで優れている。ガラス繊維では国内トップであり、小型デジタル機械向けで世界シェア４割を誇っている。繊維事業は縮小合理化。２００９年３月期は65億円の経常利益になりそう。原料高の影響を受け減益となる。	１８８２年大阪紡績として創業の名門。現在はフィルム・メディカル・機能材など多角化、非繊維事業が半分以上を占める。水処理事業では、中空糸型逆浸透膜モジュールの生産能力を増強し、中東の大型施設向け案件を受注するなど拡大。２００９年３月期予想は、増収だが、経常利益は２００億円として減益。不採算の繊維事業での合理化を進める。

株価チャート

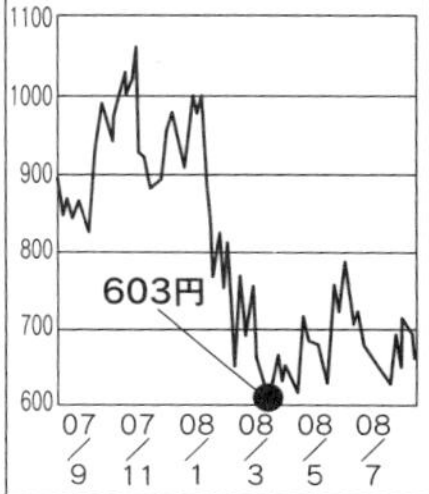

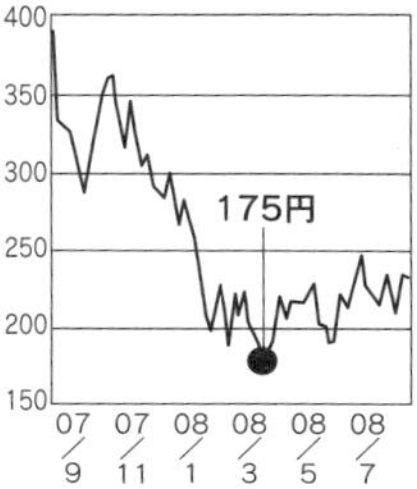

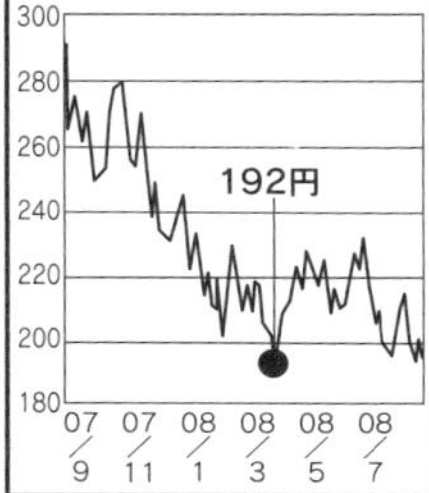

	会社名（証券コード）	最近の安値	特長
10	ササクラ（大証２部）（６３０３）	650円	海水淡水化装置の大手エンジニアリング会社である。熱交換器やＬＮＧ輸送船などに使われる超低温バルブなどの優れた製品を開発している。電子部品洗浄に用いるオゾン水供給装置でも、世界シェアの実に60％を誇っている。２００９年３月期経常利益は７億円となり前期比減だが、これからもっと成長する。中東市場の拠点を新設しようとしている。
11	月島機械（６３３２）	687円	汚泥処理の技術に定評がある。１９０５年に創業。上下水道設備や産業プラントを主力とする。高いシェアを持つ上下水道プラントでのノウハウが生きている。バイオエタノール製造設備も建設中で、２００９年３月に３つ目が完成する。業績は堅調に推移しており、２００９年３月期は経常利益36億円となりそうだ。
12	酉島製作所《とりしませいさくしょ》（６３６３）	1132円	サウジアラビアで真水化プラント用の海水取水用ポンプを受注するなど、中東市場で実績がある。ポンプメーカー国内大手。海水淡水化プラント向けでは世界シェア50％を占めるトップメーカーだ。環境事業や風力・水力・バイオマス発電などの新エネルギー事業でも技術力を示す。利益率が高いメンテナンス事業で急成長しつつある。２００９年３月期の経常利益は30億円となり、増配するだろう。

株価チャート

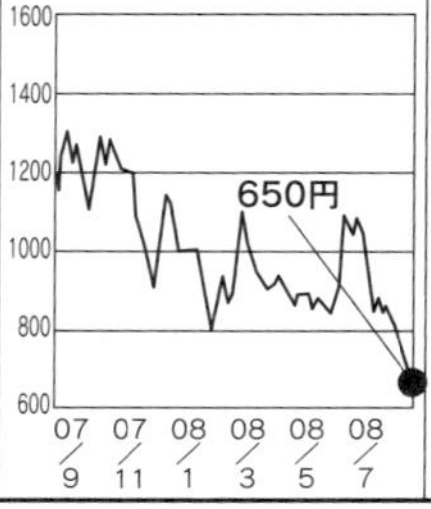

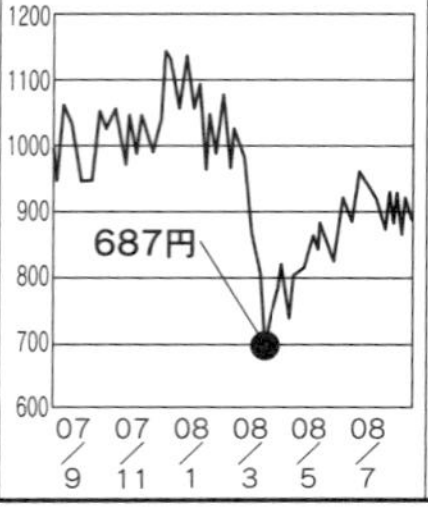

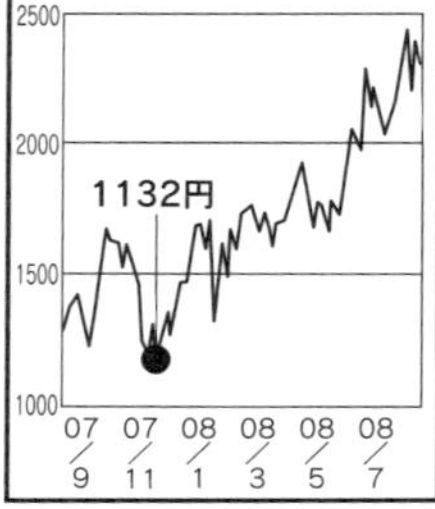

会社名（証券コード）	13 荏原製作所（6361）
最近の安値	247円
特長	下水や産業廃水の処理で優れている。上下水道等の公共水処理施設から産業向けの用排水処理に至るまで強みを持つ。ポンプの総合メーカーとして最大手である。半導体研磨装置や廃棄物処理のガス化溶融炉などでも世界トップクラスの技術を持つ。ポンプ技術から発展して、高純度の用水の供給技術を積み上げた。２００９年3月期経常利益は90億円と大幅増益になる。
株価チャート	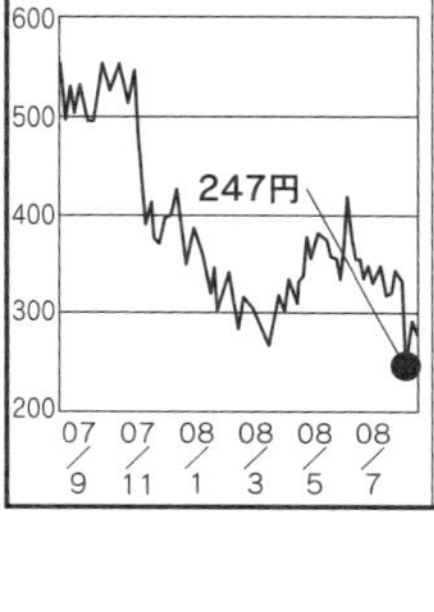

最後に。株式に限らず、投資は長期で行なうことが基本である。価格が少し値上がりしたとたんにすぐに売って利益を出すような真似をしてはならない。目先の浮利《ふり》を追うな。10年以上保有して、買値の数倍に上がるまで待つべきだ。かつ、投資はあくまでも自己責任で行なうものであることを忘れないでください。

あとがき

この本『恐慌前夜』で私が最後に言いたい（書きたい）ことは、アメリカはどうせ崩れる、ということだ。アメリカの株価が少しぐらい上がったり、ドル高（円安）になって、アメリカが景気（経済）回復したように見せかけても、どうせ次の大暴落が襲ってくる。

日本の金融機関は政府系を含めてアメリカの国債や住宅公社債、地方債（ニューヨーク市債やカリフォルニア州債など）を山ほど買い込まされている。合計で600兆円（6兆ドル）ぐらいある。それらの投資資金（債券《ボンド》買いや資金の貸し付け）は、もう戻ってこない。アメリカ（人）はまったく返す気はない。アメリカ政府はこれらの返済の保証などしない。このことが日本人には分からないようだ。日本はこれから大損をするのだ。多くの国民が年金をもらえなくなるだろう。

私は金融・経済の先読みで予測・予言をはずさない。これまでずっとはずさないでやってきた。その評価をすでに得ている。読者になってくれる人々の信頼を得てきた。私はいよいよ、次は霊能者《サイキック》になることを目指そうと思う。自分が優れた霊能者になることができて、人々に正しく助言できれば、多くの人々を破産と投資の失敗から救うことができる。

最後は、「その人の言うこと（書くこと）を信じるか、信じないか」のどちらかだ。甘い考えをして、自滅しても本人のせいである。

私は先が見通せる。この先にどんな大きな悲劇が待ち構えているのかが分かる。私の言うこと（書くこと）を信じてくれる人々は、賢く行動して、ご自分の資産を守るだろう。決着はやがて冷酷につく。「副島さん。あなたの言うことを聞いたから、大損をしないで済んだよ」と私は言われる人間になった。このことを誇りに思う。

最後に、今回も祥伝社編集部の岡部康彦氏が苦労に苦労の連続で私の伴走をしてくれた。記して感謝します。

副島隆彦

ホームページ「副島隆彦の学問道場」http://soejima.to/
ここで、私は前途のある、優秀だが貧しい若者たちを育てています。会員になってご支援ください。

切りとり線

読者のみなさまへ

この本をお読みになって、どのような感想をお持ちでしょうか。次ページの「100字書評」を編集部までお寄せいただけたら、ありがたく存じます。今後の企画の参考にさせていただきます。もちろん、通常のお手紙でも、電子メールでも結構です。その場合は、書名を忘れずにご記入下さい。

頂戴した「100字書評」は、事前にご了解をいただいた上で、新聞・雑誌等に掲載することがあります。その場合は、謝礼として特製図書カードを差し上げます。

なお、ご記入いただいたお名前、ご住所、ご連絡先等は、書評紹介の事前了解、謝礼のお届けのためだけに利用し、そのほかの目的のために利用することはありません。またそのデータを、6カ月を超えて保管することもありませんので、ご安心ください。

〒101―8701（お手紙は郵便番号だけで届きます）
祥伝社　書籍出版部　編集長　角田　勉
電話03（3265）1084　nonbook@shodensha.co.jp

◎本書の購買動機

＿＿＿新聞の広告を見て	＿＿＿誌の広告を見て	＿＿＿新聞の書評を見て	＿＿＿誌の書評を見て	書店で見かけて	知人のすすめで

100字書評

恐慌前夜

住所

なまえ

年齢

職業

恐《きょう》慌《こう》前《ぜん》夜《や》
——アメリカと心中する日本経済

平成20年9月15日　初版第1刷発行
平成20年10月20日　　　第5刷発行

著　者　副《そえ》島《じま》隆《たか》彦《ひこ》
発行者　深澤健一
発行所　祥《しょう》伝《でん》社《しゃ》
〒101-8701
東京都千代田区神田神保町3-6-5
☎03(3265)2081(販売部)
☎03(3265)1084(編集部)
☎03(3265)3622(業務部)

印　刷　堀内印刷
製　本　ナショナル製本

ISBN978-4-396-61314-3 C0033　Printed in Japan
祥伝社のホームページ・http://www.shodensha.co.jp/

造本には十分注意しておりますが、万一、落丁、乱丁などの不良品がありましたら、「業務部」あてにお送り下さい。送料小社負担にてお取り替えいたします。

世界経済の真実を解き明かす
副島隆彦［エコノ・グローバリスト］シリーズ

悪の経済学
覇権主義アメリカから、いかに日本が自立するか

逆襲する「日本経済」
ならず者大国・アメリカへの〝挑戦状〟

堕《お》ちよ！ 日本経済
アメリカの軛《くびき》から脱するために

金融鎖国
日本経済防衛論

祥伝社

Econo-Globalists 9
戦争経済に突入する日本
副島隆彦
歴史は繰り返す